# 三越本店・栄光の5年

## 高質小売業の実現に向けた<br>“お過ごし場革命”と<br>“生涯顧客戦略”の実践の記録

平出 昭二
黒部 篤志
鈴木 一正

東京図書出版

# はじめに

〈鈴木一正〉

今年二〇一九（平成三十一）年四月、三越本店の個人営業部門「お得意様営業部」の呼称が「外商部」に変更になり、私たちは大変強い危機感を持った。

一年間のプロジェクトを経て、一九九九（平成十一）年に立ち上げたお得意様営業部は、お客様との関係を継続的に深めることで、お客様のニーズを把握し、適切なタイミングで適切なソリューションを提供し、お客様の支持を得てきた。その行動基準は〝関係性深化〟と〝お役立ち〟であり、〝売り込まない、売れる仕組みづくり〟であった。「従来の百貨店が行ってきた〝外商〟（＝外売り）は、売り手発想の商売であり、もはや顧客ニーズがない」との強い反省が、その働き方改革の起点となっている。

三越伊勢丹はなぜ、今〝外商〟なのか？

二〇〇八（平成二十）年四月に三越と伊勢丹は経営統合した。

お得意様営業部の働き方や三越独自の顧客制度「帳場制度」について新しい経営陣の中でたびたび議論されたが、その本質的な意義は理解されなかったと言われる。結果として、口座数の絞り込みや部員数の削減などのコスト構造改革が進められた。その集大成が〝外商〟ということだろう。

大変残念ながら、二〇一八（平成三十）年十月のグランドオープンにもかかわらず、三越本店の業績は同業と比べても際立って売り上げ減少幅は大きく、業績低迷からの脱却の糸口をつかめずにいる。

三越本店には輝かしい時代があった。

一九九九（平成十一）年十二月から二〇〇二（平成十四）年二月まで二十七カ月連続売上高前年比プラスという快挙を成し遂げた。その快進撃を支えたのが、お得意様営業部である。もちろん、その過程には様々な試行錯誤があったが、従来の成功パターンを破棄し、新しいルールを確立していった。この状況を当時の本店長平出昭二氏は〝**革命**〟と称した。

この書は、この〝革命〟を推進した二人のリーダーの足跡をまとめたものである。

常に顧客の視点に立ち、〝売り込まない、売れる仕組みづくり〟に取り組んだ記録は、現在の百貨店経営者のみならず、小売業に関わる皆さんにも参考になるものと考える。

「百貨店衰退論」が喧しいが、安易なＥＣ化に逃げることなく、リアル店舗を中心とした改革こそが〝高質小売業〟実現への道だと信じている。

二〇一九年十月

鈴木一正

# 三越本店・栄光の5年

～高質小売業の実現に向けた〝お過ごし場革命〟と〝生涯顧客戦略〟の実践の記録～

◎目次

# 第1章　三越伊勢丹は何を目指してきたのか？

鈴木一正

## 1 三人の百貨店論

三越と伊勢丹は二〇〇八（平成二十）年に経営統合した。顧客に〝強み〟を持つ三越と商品に〝強み〟を持つ伊勢丹との統合は、相乗効果をもたらすものと一般には受け止められた。しかし、その後の動きを見ていくと、経営の主導権は常に伊勢丹側にあり、三越の〝強み〟は活かされることなく、三越の伊勢丹化が進められていったと言える。その要因は、もちろん故武藤信一氏（元三越伊勢丹HDS会長）を除き、旧伊勢丹経営陣がその〝強み〟を理解していなかった、しようとしなかったことにある。しかし、それ以上に旧三越経営陣が自らの〝強み〟を形式知化できていなかったこと、そして〝強み〟を新会社の共有財産として有効に活用していこうという意思を、唯一の理解者であった武藤信一氏が亡くなって以降、放棄してしまったことが大きい。

本書の目的は、三越の〝強み〟について、その歴史的経緯をなぞるとともに、現代的な意義についての理解を深めることで、百貨店業界の活性化に貢献することにある。詳細は次章より述べていくが、この章では三人のリーダーの言葉から、三越伊勢丹の経営陣が百貨店事業の存在意義をどのように考えてきたのか振り返ってみたい。

## ①武藤信一氏（三越伊勢丹HDS会長：二〇〇八年四月〜一〇年一月）

伊勢丹社長時代のインタビューから抜粋する。

当社（伊勢丹―編集者註）が呉服店として東京・神田で創業したのは1886（明治19）年。当時既に今の大手百貨店が軒並み商売を始めておられました。そこで後発の当社は、呉服を花柳界に持ち込み、自分たちの市場にしようと動いたんです。一種のニッチ戦略です。

花柳界ですから、柄などに先進性がないと受け入れてもらえない。鮮度の高い商品を提案し続けて初めて生きていけるという考えはトップから新入社員に至るまで共有しています。

それともう1つ。関東大震災を経て新宿へ出て来たんですが、立地は駅から徒歩10分。百貨店としてスーパーブランドである三越さんの前を通って、お客様に伊勢丹まで来ていただかなくてはいけない。当然、苦戦もしました。ですから、「お越しいただいたお客様に、何としてもまたご来店いただきたい」という恐怖心にも似た気持ちが経営にも現場にもあるんです。

……

何かご指摘を受けると、それを即刻直さないと、もう二度とその人は来てくれないんじゃないかという思いが強い。当社が「お買い場」と呼ぶ売り場作りもその発想の歴史です。

……

(問：あらゆる企業が「お客様第一」という言葉を強調します。問題はその実現に向けてどう動くかです。)

ええ、まず、お客様のおっしゃっている内容をきちんと聞き取る。まずここが大事です。聞き取ったら、１日でも早くそれを具体化して、お客様に答えをお返しする。

……

(問：向こう10年の経営計画に「お客さま一人ひとりにとってのマイストアになる」という表現があります。具体像をイメージしづらいのですが。)

お客様の生活全般にかかわり合いを持ち、何でも相談してもらえる相手になりたいということです。

当社は創業時からご要望やクレームを聞いて事業をステップアップしてきた百貨店で、ご意見を喜んで聞きます。その分、お客様もクレームやご意見を言いやすい。その中には本業に関係ないことも多いんです。

……

（問：顧客の生活、すなわち「マイライフ」に関わっていく「マイストア」を標榜する以上「伊勢丹さん、相談に乗ってよ」という話になりますね。）

おっしゃる通りです。お孫さんの将来の生活を担保できる仕組みとか、「介護チケット」を今から売ってくれ。それを伊勢丹に持っていくと、家族に迷惑をかけずに身の回りを世話してもらえるやつ」というお声もある。

（問：責任が重い分、お客が伊勢丹を信用している証しでもありますね。）

すべては、百貨店として店頭で積み重ねてきた信用が土台にあります。「伊勢丹ならひどいことをしないだろう」というような。

※『日経ビジネス』（二〇〇六年五月十五日）一一〇～一一二頁

顧客との信頼関係の構築を通じて、〝お客さまの生活の中のさまざまなシーンでお役に立つ〟（二〇〇八年経営統合時点のグループビジョン）に合致した考え方が示されている。これは、生涯顧客づくりにもつながるものである。後に、三越と伊勢丹の経営統合の趣旨を以下のように述べている。

消費者が期待しているのは、三越と伊勢丹が一つの百貨店になることではない。百貨店の目的は消費者の人生の節目にかかわり、信頼関係を深めていくことだ。三越との統合で顧客の要望に新しい解決策を生み出し、信頼関係をさらに深めることが可能になると考えている。

……

両社とも顧客の要望に応えるために物販だけでなく金融、旅行などの事業も手がけており、今後も広げる可能性がある。単に小売り事業を拡大するという考えは持っておらず、あくまで顧客との信頼関係を深めることが根底にある

※『日本経済新聞』（二〇〇八年一月十三日朝刊）

信頼関係の深化を通した、ライフタイム・バリューの拡大を図ることが語られていた。

②大西洋氏（三越伊勢丹HDS社長：二〇一一年二月〜一七年三月）

武藤信一氏の遺志を継ぎ、三越伊勢丹グループのリーダーとなったのが大西洋氏である。

二〇一六（平成二十八）年一月のインタビュー記事をお読み頂きたい。

## なぜ、「百貨店」は衰退したのか？

日本の小売業全体では約１４０兆円の売上規模がある。うち百貨店の売上高は約６・2兆円で、全体の４・４％にすぎない。バブル経済が崩壊する前の１９９０年頃は、10兆円近くの売上高と６％のシェアがあった。まさに「衰退の四半世紀」であったのだ。

なぜ日本の百貨店業界はダメになったのか。

売上高が10兆円近くもあった頃は、小売業の構造をピラミッドにたとえるならば、百貨店は、かなり高いポジションにあった。ボーナスが出たり、少しお金に余裕ができたときなどに、「デパートで買いたい」という特別な期待感をお客さまに抱いてもらえていた。

しかし80年代頃から、いわゆる「カテゴリーキラー」と呼ばれる小売店が登場し始めた。電器店ならば「ヤマダ電機」や「ビックカメラ」「ヨドバシカメラ」。紳士服ならば「洋服の青山」や「Aoki」。軽衣料ならば「ユニクロ」や「しまむら」。お客さまは、単に価格の安さでなく、「この品質でこの価格ならば」と価格と価値のバランスでカテゴリーキラーを評価した。

次には「スポーツオーソリティ」や「スーパースポーツ」などの、あらゆるスポーツ用品が1店で買える店が登場した。これは百貨店には太刀打ちできない業態だった。

「カテゴリーキラーたちに対抗できるのか」と悩んでいるうちに、次の波がヤングの部門に訪れる。ＪＲの駅ビルや周辺に若者向けの専門店がつくられ、３大セレクトショップと言われる「BEAMS」「SHIPS」「UNITED ARROWS」が拡大戦略をとり始めて百貨店はさらに苦境に追い込まれた。

……

気がつけば百貨店はどうなっていたか。どの店も同じような商品が並ぶ「同質化」に陥っていた。例えばアパレルでは、百貨店はどこも同じメーカーのナショナルブランドを扱い、さらに海外のラグジュアリーブランドを競うように導入していた。そうなると日本全国、どこのデパートを訪れても、並んでいる商品も、売り方もまるで同じという状態になった。

カテゴリーキラーやセレクトショップにどんどんお客さまを奪われ、百貨店の売り上げは落ちる。売り上げが落ちると人件費の削減にシフトしてしまい、自社の販売員を減らし、取引先から販売員を派遣してもらうようになった。販売員は最も情報を持つ百貨店の〝肝〟だ。にもかかわらず情報は取引先に流れ、サプライチェーンのなかで何が起きているのかが分からなくなり、百貨店のマーケティング力はどんどん低下した。

……

百貨店衰退の直接の理由は、カテゴリーキラーの台頭などの環境変化の要因で説明がつくが、根底にあった最も深刻な理由は、百貨店業界の勉強不足、努力不足だったと思う。競合の出現に対してきちんとしたコンペティションマインドを持って戦おうとしていれば戦えたはずだ。

……

かつては経営判断の一つの基準として「55％攻撃論」があった。新事業に挑むとき、成功の確率が55％あれば、残りの45％の失敗リスクがあっても果敢に攻め込もうという考え方だ。しかし現実には、それが実行できていない。

私自身は、「30％攻撃論」を標榜するが、尻込みされるケースが多く、嘆息が絶えない。もちろんこれは経営者である私自身の責任だが、このままでは三越伊勢丹は、世の中から退出命令を下されると思えるほどスピード感が乏しい。

百貨店は自らリスクを取る商売をしてこなかった側面もある。例えば商品の仕入れでも、普通の商売ならば自分のお金で買い取り、それに付加価値を付けて売る。

百貨店にもそのような仕入れ（買取仕入）はある。しかし一方では、販売を委託され、一定期間を経過すると返品できる「委託仕入」や、商品が売れた時点で仕入れがなされたと処理する「消化仕入」などが長い慣行としてある。つまり百貨店は、在庫リスクを取ることも、保管責任を果たすこともない仕入れの形態を維持できたのだ。

またテナントに売り場を貸す仕組みもある。これなどはまさに不動産業だ。利益率は低くてもとりあえずは赤字にはならない。

こうした慣行を続けるなかで、百貨店はいつしか戦うマインドを失い、新たなる挑戦にも及び腰になってしまった。

……

※「なぜ、『百貨店』は衰退したか？」『DIAMOND online』（二〇一六年一月四日）

二〇〇三（平成十五）年に改装オープンした伊勢丹新宿本店のメンズ館成功の立役者である大西洋前社長は、百貨店業界の衰退に対する危機感と、その克服のために自主的なマーチャンダイジングへの挑戦を訴えている。

### ③杉江俊彦氏（三越伊勢丹ＨＤＳ社長在任：二〇一七年四月〜）

大西洋氏を追い、二〇一七（平成二十九）年四月に三越伊勢丹ＨＤＳ社長に就任した杉江俊彦氏への『日本経済新聞』のインタビューから引用する。

―国内百貨店の総売上高は６兆円弱と20年前から４割減少しました。危機感はありませんか。

「スマートフォン（スマホ）が発売されてから10年。デジタルが生活インフラになったことが転換点だった。１９７０年代後半〜80年代に空前のアパレルブームが起きた。『百貨』を切り捨て家電などを全て衣料品にしたが、今は顧客の関心が別のところに移った」

「百貨店は日々の販売が上がるため、他の産業と比べると徹底的に追い詰められていない。このままだと倒産するという危機感がなく、ゆでガエルだ。いま手を打たないと東京五輪、大阪万博後に生き残れない」

―百貨店しかできないことはあるのでしょうか。

「百貨店とは何か、議論してたどり着いたのが、コモディティー（汎用品）ではなく、人々の生活が豊かになるものを売ることだ。ネット通販で情報が膨大になり、自分に合う商品が分からない人が増えている。来店客に寄り添い好みの商品を提案するコンシェルジュの機能を強化し、顧客により良い体験を提供する」

……

―国内百貨店は現在の約220店舗から50～60店舗まで縮小するという見方もあります。店は減り続けるのでしょうか。

「化粧品や高級ブランド、デパ地下などが共存するいわゆる『百貨店』は大都市と、地方なら1店に集約する。縮小の流れは間違いない」

―アマゾンや、フリーマーケットアプリの「メルカリ」などネット勢台頭の影響は避けられないのではないですか。

「大量生産品を値段で勝負する領域には入ってはいけない。伊勢丹新宿店の衣料品や化粧品は、ネット通販で購入できるようにする」

「高級バッグをローンで買って、2年後に売ってもらうモデルを考えたい。こうしたサービスをリアル店舗にどうつなげるか。欧米ではリアル店舗で好調な店舗も出始めており、百貨店でやれることはまだたくさんある」

※『日本経済新聞』（二〇一八年十二月二十一日朝刊）

従来の百貨店の枠組みの限界を指摘し、「百貨店の定義を見直す」との決意表明を行うに至る。

三人のリーダーの主張を振り返ると三越伊勢丹グループの戦略の軸が大きく変わっていったことが分かる。武藤信一氏はマーチャンダイジングを中心としたビジネスモデルに顧客育成の視点を加えて新しい時代に備えようとしていた。その跡を継いだ大西洋氏は、メンズ館の成功体験を踏まえ、マーチャンダイジングに磨きを掛けていくことが生き残りの術だと信じ、ものづくりに邁進。しかし、結果としては大きな商品在庫を抱えることになり、財務を損なう。杉江俊彦氏は、従来の百貨店ビジネスモデルを否定し、新たな百貨店像を模索している。

リーダーの基本思想が大きく揺れ動く中で、現場も翻弄されていく。顧客に関わる施策も様々な影響を受けていく。

## [2] 業績の推移

百貨店業界の売上高（商業動態統計ベース）は、一九九一（平成三）年度の一二兆一六〇〇万円をピークに直近の二〇一八（平成三十）年度には六兆三九〇〇万円と約半分になっている。特に、利益面で貢献度が高い衣料品も六兆九〇〇億円から二兆七五〇〇億円と三兆円を切っている。百貨店業界は旧来のビジネスモデルでは立ちゆかなくなり、地方の百貨店のみならず、首都圏百貨店の閉鎖も相次ぐ。

大手百貨店も生き残りを賭けて、それぞれ新たなビジネスモデルを描きはじめている。髙島屋は日本橋ＳＣなどの〝グループ総合戦略「まちづくり戦略」〟、Ｊ・フロントリテイリングは、パルコの買収に象徴される〝マルチサービスリテイラー〟、三越伊勢丹は自主運営強化を推進していたが、行き詰まり、「ビジネスモデルの革新」という名のテナント活用へと舵を切った。

グラフは、三越伊勢丹と髙島屋の二〇一〇〜一九年期の業績である（三越伊勢丹は三月決算、髙島屋は二月決算）。

二〇一〇年期と比較した直近二〇一九年期の売上高指数は、三越伊勢丹で九二・七％と大幅減収、髙島屋は一〇二・三％のわずかながら増収となっている。三越伊勢丹は、伊勢丹吉祥寺店（二〇一〇年三月）、三越千葉店・三越多摩センター店（二〇一七年三月）、伊勢丹松戸店

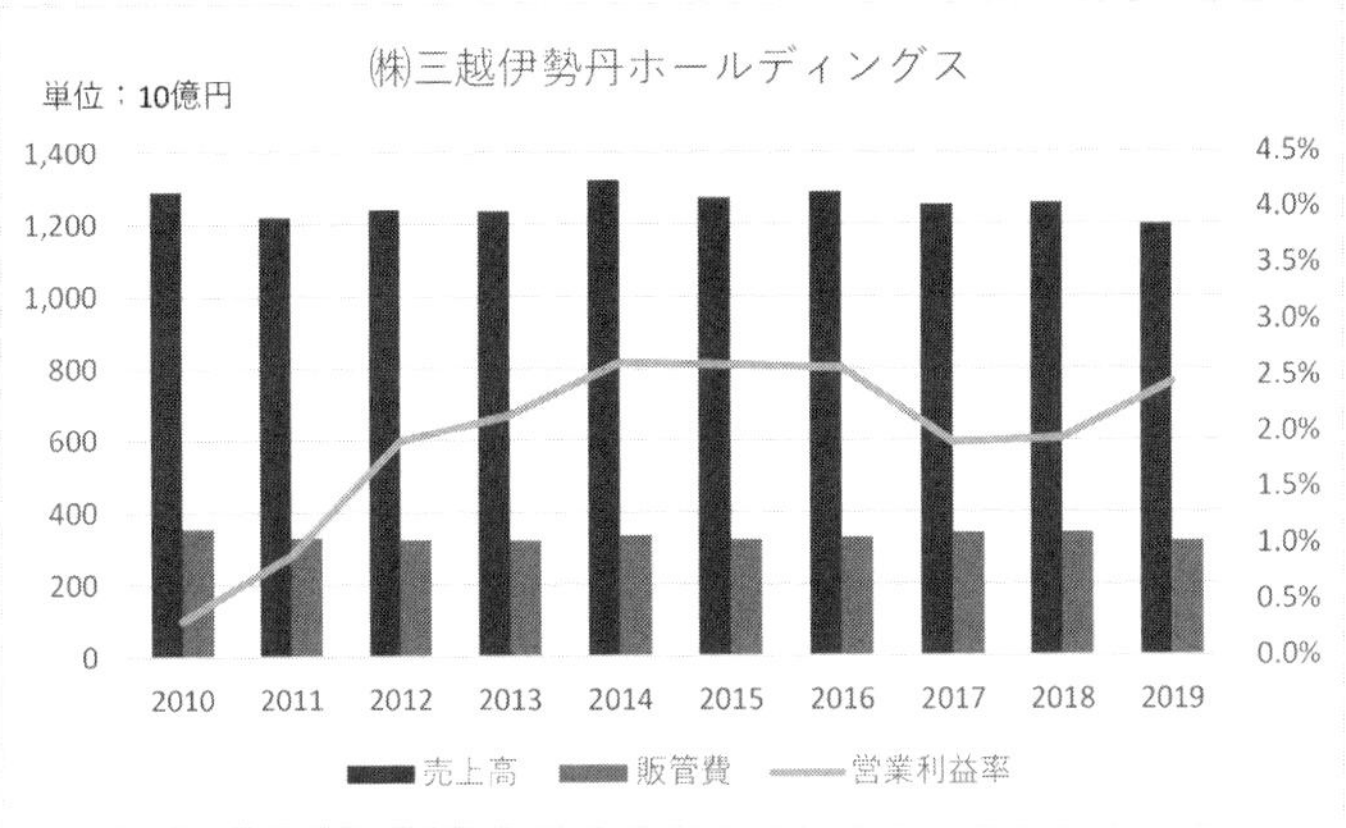
㈱三越伊勢丹ホールディングス
単位：10億円
1,400
1,200
1,000
800
600
400
200
0
4.5%
4.0%
3.5%
3.0%
2.5%
2.0%
1.5%
1.0%
0.5%
0.0%
2010
2011
2012
2013
2014
2015
2016
2017
2018
2019
売上高
販管費
営業利益率

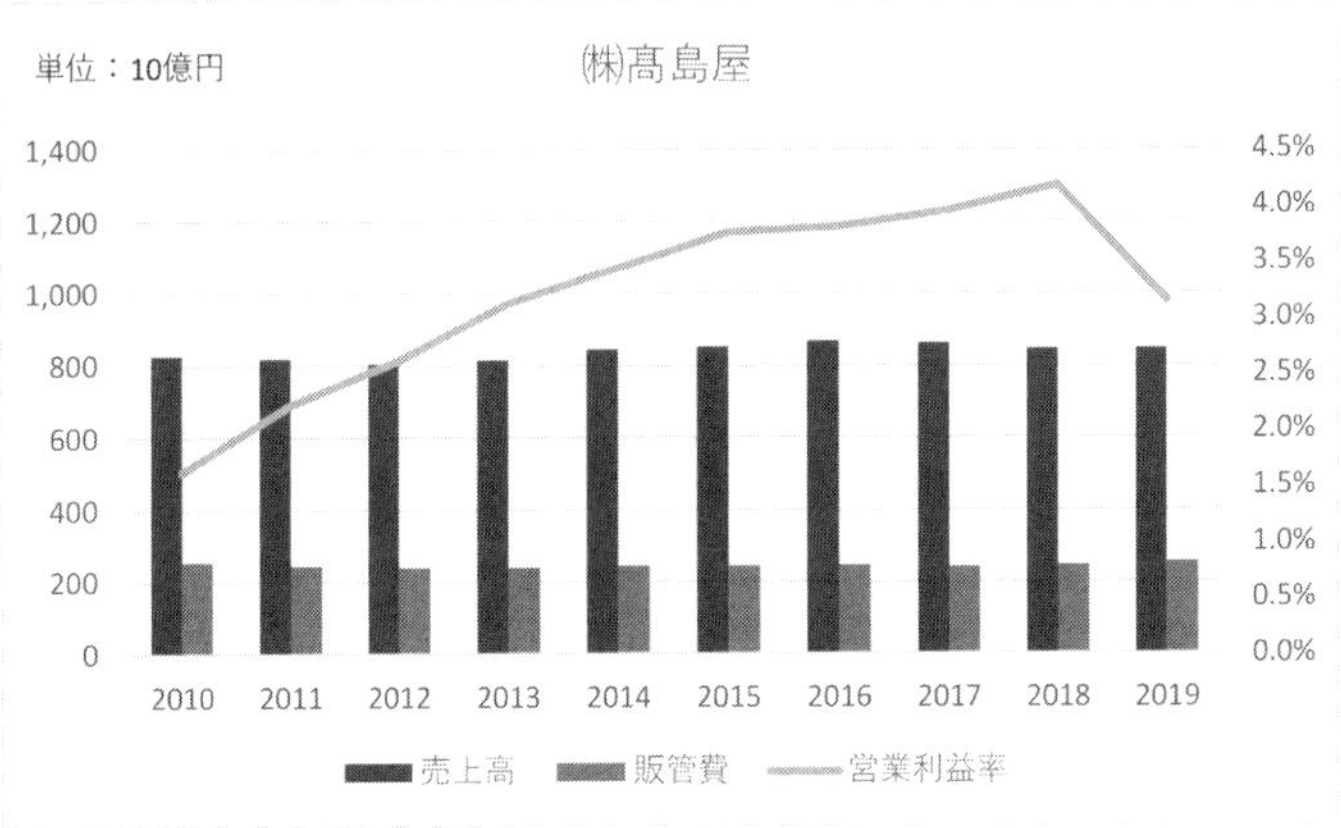
単位：10億円
㈱高島屋
1,400
1,200
1,000
800
600
400
200
0
4.5%
4.0%
3.5%
3.0%
2.5%
2.0%
1.5%
1.0%
0.5%
0.0%
2010
2011
2012
2013
2014
2015
2016
2017
2018
2019
売上高
販管費
営業利益率

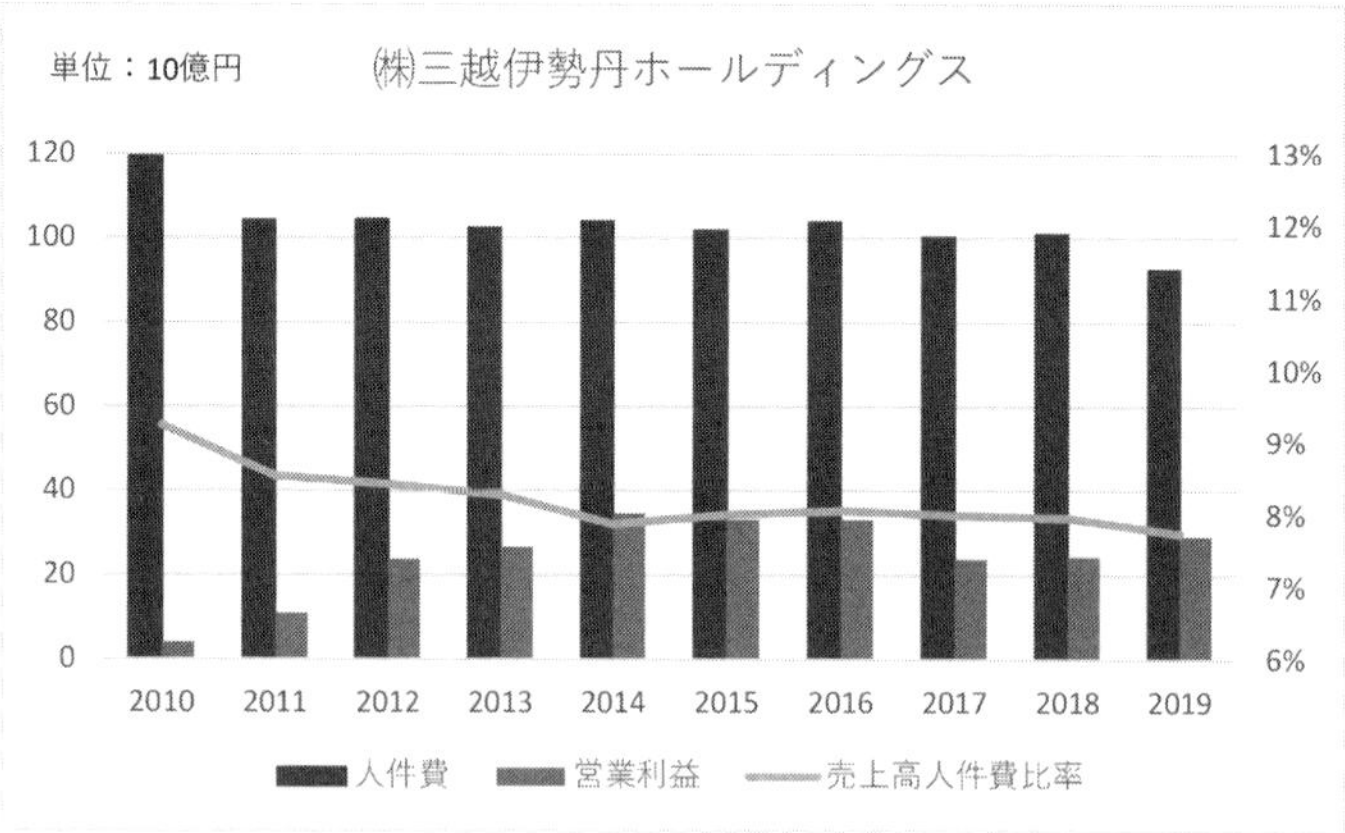
単位：10億円
㈱三越伊勢丹ホールディングス
120
100
80
60
40
20
0
13%
12%
11%
10%
9%
8%
7%
6%
2010
2011
2012
2013
2014
2015
2016
2017
2018
2019
人件費
営業利益
売上高人件費比率

単位：10億円
㈱高島屋
120
100
80
60
40
20
0
13%
12%
11%
10%
9%
8%
7%
6%
2010
2011
2012
2013
2014
2015
2016
2017
2018
2019
人件費
営業利益
売上高人件費比率

（二〇一八年三月）、伊勢丹相模原店、伊勢丹府中店（二〇一九年九月）と営業終了を重ね、今後も三越新潟店（二〇二〇年三月）が予定されており、売上高は今後も減少していくことが予測される。

売上高人件費比率（※）で見るとさらに興味深い。その水準は髙島屋が一〇％前後で推移し、営業利益も二〇一一〜一八年期までは増益を継続してきた。一方の三越伊勢丹は、減収の下で売上高人件費比率は七％台まで圧縮が図られるものの、二〇一八（平成三十）年期までの推移では営業利益は伸びていない。二〇一九（平成三十一）年期の営業利益は前年比較約四八億円の増益となっているが、その最大の要因は人件費を約八三億円削減したことによる。人件費削減額がそのまま営業利益増にならなかった理由は店舗閉鎖や業績の低迷などもあり、売上高で約七二〇億円、売上総利益の減少約一九〇億円があったことによる。さらなる人件費の圧縮に向けて早期退職制度の募集が継続される。しかし、人件費圧縮による増益には限界が来る。営業利益の継続的拡大のためには、やはり増収が不可欠だ。

※人件費：それぞれの有価証券報告書の連結損益計算書より人に関わる経費の勘定科目を合算した。㈱三越伊勢丹ＨＤＳは「給与手当及び賞与」＋「退職給付費用」、㈱髙島屋は「役員報酬及び給与手当」＋「退職給付費用」＋「役員賞与引当金繰入額」＋「役員退職慰労引当金繰入額」＋「福利厚生費」。

## 3 〝新時代の百貨店〟

二〇一八（平成三十）年十一月、三越伊勢丹グループの『中期経営計画（3ヶ年計画）』が発表された。目指す姿として、〝IT・店舗・人の力を活用した「新時代の百貨店（プラットフォーマー）」〟が掲げられている。その柱となる戦略は成長戦略と構造改革。成長戦略とは「ビジネスモデルの革新」「オンラインの新たなビジネス」「不動産事業の拡大＝街区開発」からなり、構造改革とは「コスト構造改革」である。

特に、杉江俊彦社長が計画の〝大きな軸〟として示したのが〝事業構造の転換〟。オンライン（Eコマース）とオフラインをシームレスにつなぐ〝新時代の百貨店〟である。

セブン＆アイ・ホールディングスのオムニ7に代表されるように、大手小売業は既存の店舗事業を活かしつつ、オフラインも含めたオムニチャネル戦略の展開を志向している。しかし、オンラインとオフラインをシームレスにつなぐビジネスモデルの成功事例は必ずしも多くない。二〇一一（平成二十三）年「オムニチャネル企業」を世界で最初に宣言した米国のメイシーズも一時注目を集めたが、直近では苦戦が伝えられる。

オムニチャネルの確立に不可欠なEコマース（以下、EC）について、小島健輔氏は次のように指摘している。

「オムニチャネル体制を確立するにはECモール依存を脱して自社ECに収斂すべきだが、小売各社の実情を見る限り期待通りには進んでいない。」（小島健輔著『店は生き残れるか　ポストECのニューリテールを探る』商業界、二〇一八年六月、四七頁）

その上で、リアル店舗を抱える小売業が自社ECを築けない、もしくは維持出来ない要因を主に三つ挙げている。

■システム開発は外部に依存せざるを得ず、日常的な運営も外部に依存することが多い。結果として日進月歩の業界には追いつけない
■ECシステム総体を設計・運用できるシステム・エンジニアの報酬は急騰しており、社内の報酬体系では維持できない
■ECの拡大に伴って、ピッキングなどの店内オペレーション負荷が大きく、専任スタッフを付ければ運営コストが跳ね上がる

EC専業に匹敵する開発部隊を内製化し、オペレーション部隊を抱え、高収益な仕組みを構築できるか。加えて言えば、ヨドバシカメラのような付加価値物流の体制を自社内に構築できるのか。三越伊勢丹が目指す〝新時代の百貨店〟が、オムニチャネル的なビジネスモデルだとすれば、その実現には相当高いハードルがある。〝アマゾン・エフェクト〟が叫ばれる中で、生き残りを考えた企業戦略の策定は必要不可欠だが、流行に流されない、現状の〝強み〟を活

かした、実現の可能性を考慮した議論が必要だろう。

## 4 〝小売ができるIT企業〟

成長戦略の一つである「ビジネスモデルの革新」について、もう少し掘り下げておきたい。掲げられている具体的項目は次の通り。

①オンラインでもオフラインでも「最高の顧客体験」を提供
■基幹店（伊勢丹新宿本店・三越日本橋本店・三越銀座店－編集者註）の商品が、ＥＣでも地域店でも購入できる
■デジタルを活用した新しい顧客体験の展開（接客サービスの質向上）
②成長戦略の実現に向けた基幹店の再開発
■三越日本橋本店リモデル
■伊勢丹新宿本店リモデル
③金融事業の強化
※引用：『三越伊勢丹ホールディングス　レポート２０１８』（二〇一九年四月）

地方百貨店が品揃えに課題を抱えていることは間違いない。その点で首都圏以外の消費者にとって、伊勢丹新宿本店で扱う全ての商品にアクセスできることはメリットがある。但し、購買決定プロセス（問題認識→情報探索→代替製品の評価→購買決定→購買後の行動／コトラーの五段階モデル）では、既に購入商品が決まっていることよりも複数の商品から比較して決定したいと考えている方が多いだろう。ECの情報量は多いが、故に選ぶことの負担が大きくなる。だからこそわざわざ店舗に来店する必然性があって、販売員とのコミュニケーションも含めて、その決定過程があってこそ満足がある。もちろん、ECの中でも比較購買の仕組みは用意されるはずだが、その精度如何では逆に不満足につながりかねない。アマゾンのレコメンドの仕組みは「協調フィルタリング」と呼ばれ、「商品Aを購入した人は商品Bも購入した人が多いため、Aを購入した人にはBを薦める」ものだ。これには前提として膨大な購買履歴の蓄積が必要であり、三越伊勢丹が実現することは容易ではない。もう一つは、商品の属性情報とユーザーの好みの関連性をベースにする「コンテンツベース・フィルタリング」だが、問題は商品の属性情報登録が膨大になることと、同じようなアイテムがレコメンドされてしまうこと。いずれにしても、店頭と同じような満足を提供することは難しい。

三越本店では、〝新しい顧客体験〟に向けたトライアルが行われている。来店した顧客は、まず本館一階のレセプションと呼ばれる総合受付に行き、常駐するガイド（店内案内係）が商品分野ごとのパーソナルショッピングデスク（案内所）へご案内し、商品に精通するコンシェルジュ（商品分野ごとの案内係）に引き合わせ、ブランドの垣根を越えたおもてなしをする……というカスタマージャーニーである。但し、大半のお客様は購入商品をおおよそイメージして来店されることから、レセプションを経由せず、直接目的の売場へ直行するだろう。実際のところ、レセプションは想定された用途で利用されている様子はあまり窺えない。各階のパーソナル・デスクも、機能としては有用だが、高頻度で利用されるものではない。こうした要員は全て各売場などからの傾斜配置されてきた人材だ。それならば各売場業務の一環として、顧客対応した方が手空き時間が少なくなり、お客様満足度の向上に寄与するはずだ。

そして、トライアルのもう一つ、スタイリスト接客ツールに触れておきたい。これは、お客様の接客・購買情報を顧客カルテとして蓄積し、店頭や個人営業部門のスタッフが共有することで「より質の高いおもてなしの時間の拡大」に活用する旨がうたわれる。しかし、顧客情報の共有＝顧客満足度の向上なのだろうか。顧客情報には、顧客視点で考えた時、共有しても良いものと共有すべきではないものがある。例えば、婦人服のサイズ。購入するショップでは計測し、情報として保管されているが、これを全館のデータベースに載せることはどうか。ある男性がティファニーのネックレスを購入したということを複数のスタッフが閲覧できるデータベースに記録することかどうか。通常、個人営業部門の顧客データベースには様々な定性情報が記録されているが、こうした情報の閲覧は、担当者のみ、少なくとも部門内に限定する。極めてセンシティブな情報が含まれているからだ。販売員や営業担当に対する信頼関係があってこそ、明かしてくれる個人情報がある。「あなただから……」と言って教えて頂いた情報が、初めて会った販売員も知っている……ということが分かったらお客様との信頼関係はなくなってしまう。だから、こうした情報は共有しない。閲覧権限の範囲を多段階で設定することも考えられるが、そのような煩雑な仕組みでは活用しようがない。結果として、使い勝手の非常に悪いデータベースとなる。また、共有できる情報があったとしても、ほぼ大半が告知なく来店される顧客であることを考えれば、活用方法は限定的にならざるを得ない。そもそも来店顧客が誰なのかは、カードを提示する決済時点まで特定できない。

とりわけ店頭の販売員はほぼ全てが取引先派遣社員である。彼らはショップ顧客として認識する顧客はいるが情報共有は限定的。また、このスキームはご来店の顧客が事前に特定・認識できるときのみ有効だ。つまり、情報の共有は必ずしも顧客満足の向上、そして結果としての売上高の拡大につながるとは言えない。この外部コンサル持ち込み施策の前提には大きな誤りがある。百貨店では、どこかの旅館の成功事例のようにはご来店時にお客様を特定できないのだ。

現状、コンシェルジュやガイドがスタイリスト接客ツールに日々顧客情報を入力しているが、後日「膨大な時間と労力と、多くの経費を掛けた〝デジタルごっこ〟だった」と振り返る時が来るのではないか、との声も聞く。いずれにしても、この本が出版される頃には「新しい顧客体験スキーム」は顧客ニーズがないことから、大きく修正されていることだろう。

さらに、もう一点のトライアルとして三越本店と伊勢丹本店に設置された「ザ・ラウンジ」を取り上げたい。これは「三越伊勢丹グループ・カスタマープログラム」のサービスの一つである。このプログラムは、グループのハウスカードであるエムアイカードへの加入とWEB会員登録を前提としたもので、年間買上高に応じて四段階（三〇〇万円以上、一〇〇万円以上、三〇万円以上、三〇万円未満）のステージが設定され、それぞれに対応したサービスが用意されている。「ザ・ラウンジ」はその最上位である“STAGE RED”が利用できる。それに次ぐ“STAGE BLUE”はクーポン制（月・曜日限定）。仕組みとしては航空会社が運営する空港ラウンジを模したものであり、ロイヤルカスタマーを育成するためのものと位置づけられている。

しかし、実態として、想定されたような活用は進んでいないようだ。購買手段としてエムアイカード利用者を前提としたことから、現金や友の会、銀行系クレジットカード払いの顧客を排除してしまったことに不満が生じた。「購買履歴を収集できる顧客の囲い込みを図りたい」との意図は理解できるが、百貨店を利用する顧客の用途は様々であり、履歴を残したくない買い物の時は現金を使う。ポイント付与の対象外となるスーパーブランド商品を購入する際には銀行系カードの特典の方が大きい。百貨店友の会は先払い積立金にボーナスポイントを付与して利用できるものであり、百貨店に対するロイヤルティが高い顧客群であるはずだ。それぞれの購買手段では、どんなに買い物をしても「ザ・ラウンジ」は使えない。第2四半期決算説明会では、新たに「現金・他クレ決済ポイント付与」を二〇二〇年度より実施することが杉江社長より発表された。これまでに述べてきた課題への対応と思われる。但し、効果は限定的だろう。そもそもスーパーブランドなど、ポイント付与の対象外商品分野が少なくない。一方で、ポイント経費は確実に増加する。

また、WEB会員登録を前提としたことも不満の要因となった。「ザ・ラウンジ」の利用には「三越伊勢丹アプリ」をダウンロードし、スマホ画面にて「モバイル会員証」を提示しなければならない。スマートフォンを持ち歩いていない人は少なくなってきたが、高齢のお客様などはお持ちでない方も少なくないし、そもそも使いこなしている方は必ずしも多くない。「モバイル会員証」のハードルは高い。そして最大の不満要因は利用資格を毎年洗い替えすることだ。今年一年間使っていたが、購買実績によっては翌年使えなくなってしまう。強すぎるインセンティブがマイナスに働く可能性がある。いわゆる富裕層と言われる方々も、様々な理由でお買い物ができない時期がある（そもそも百貨店でのお買い物は嗜好品等が中心であり、コンスタントに購買するわけではない）。その時に「昨年度のお買い物が基準に満たなかったので、今年はこのラウンジは使えません」と言われて、その百貨店に対するロイヤルティは維持されるだろうか。生涯にわたってご愛顧頂くための仕組みとはなり得ないことは明らかである。

いずれも施策の一例だが、日々顧客と相対している販売員や営業担当であれば、疑問符を付けざるを得ない施策である。そんな施策に誰もストップを掛けることができず、淡々と実践されてしまうことに、現在の三越伊勢丹の危機がある。

歴史を紐解くと「失敗の本質」が見えてくる。悲惨な結果を生んだ旧日本軍の「インパール作戦」は、戦略的な合理性のないところから導き出された決断が、辻褄合わせのように、客観的な判断が誰も下せないまま「空気」で決まって実行された。今の成長戦略とは「失敗の本質」の典型のように思わざるを得ない。

## 5 構造改革

『中期経営計画』の中で成長戦略と並んで掲げられている構造改革を取り上げたい。

「構造改革」という言葉は、本来コスト削減ばかりではないはずだが、二〇一九（令和元）年六月の株主総会決算説明資料では「コスト構造改革」に絞られている。具体的項目は「販売管理費の削減」「要員体制の見直し（▲1500人〈単体700人〉）」「不動産の組み替え（本社を移転し地代家賃を削減）」「組織改正（HDSと事業会社の一体運営の解消、事業会社の責任明確化）」である。

「販売管理費の削減」と「要員体制の見直し」は密接に結び付いており、要するに人件費の削減だ。従来からの早期退職制度を拡充し、二〇一七〜一九年度に八〇〇〜一二〇〇名の退職を見込む。二〇一七年度の応募者は一八〇名弱に留まっていた。二〇一九（令和元）年九月の伊勢丹府中店、相模原店、二〇二〇（令和二）年三月の三越新潟店の営業終了もあるが、加えて存続店舗でも、自主編集売場の縮小・廃止とテナントの導入も進み、店頭要員は大きく絞り込まれる状況にある。また、店舗によっては個人営業部門などの縮小もあり、余剰となった人員は強化されるＥＣのささげ（※）部門への異動配置もある。顧客接点で活躍してきた人材にとってはモチベーションが保てず、結果として早期退職をせざるを得ない実態も出てくるだろう。また、二〇一九（平成三十一）年三月に事務所用不動産を譲渡することを発表した。グループの持つ資産の有効活用の一環であり、事務所機能の集約・再編が進められている。

コスト構造改革は、資産効率を高めていく上では有効な手段である。しかし、自主編集売場の縮小、サービス機能の絞り込みなど、目先の利益確保のための施策が、店舗にわざわざご来店頂く魅力を損なってしまわないのかという点は、しっかりと検証される必要があるだろう。

※ささげ：ＥＣサイトへ商品情報を掲載するための撮影、採寸、原稿書き業務

## ６ 百貨店は〝衰退産業〟なのか？

三越伊勢丹が描く〝新時代の百貨店〟を構想する前提には、「百貨店業態衰退論」があると思われる。

百貨店が、明治時代に誕生してから115年もの長きにわたって存在し続けているのは、衣・食・住のすべてを取り揃えた、魅力あるビジネスモデルだったからです。

しかし、今から30年ほど前に、（伊勢丹は―編集者註）婦人服を中心とする販売スタイルに大きく舵をきりました。当時はまだバブル景気が始まったばかり。ニーズが高く、消費を牽引していた女性向けで、なおかつ利益率の高い婦人服中心のビジネスモデルは、大成功を収めました。しかし、利益が上がったことでいつしか慢心し、百貨店はそこで進化を止めてしまいました。

……過去の革新的な体質を復活させ、もう一度、変革を生み出せる企業風土を作らなければ、百貨店に未来はありません。

（「トップメッセージ」『三越伊勢丹ホールディングス　レポート2018』三越伊勢丹ホールディングス、二〇一九年四月、八頁）

前記は、杉江社長のコメントである。婦人服中心のビジネスモデルで最も成功した企業がまさしく伊勢丹であり、バブル経済崩壊以降の衣料品売上の低迷でもっとも影響を受けたのも伊勢丹であったと言える。その意味で、伊勢丹のビジネスモデルは間違いなく危機である。

百貨店業界全体としても一九九一（平成三）年をピークに売上高の減少に歯止めが掛からないが、大都市の大手百貨店店舗は比較的堅調に推移している。下記は二〇一八（平成三十）年度の百貨店店舗上位一〇社の過去一〇年間の合計推移を表したものであり、基調としては増収傾向を示している（出典は『日経ＭＪ』が毎年実施している「百貨店調査」）。

地方百貨店の業績は厳しいが、大都市圏店舗を中心にして顧客からの支持は依然として高い。業態としては成熟期にあることは間違いないが、「衰退産業」と切り捨てるのではなく、今後も一定の存在感を発揮出来る業態と考えるべきだ。もちろん、安穏とすることは許されず、業態間競争の中で生き残っていくため、顧客満足向上に向けた施策を継続して展開していくことが前提となる。最も得意とするお客様との信頼関係に基づくビジネスモデルとして、これからも進化を続けていく業態となることを期待したい。

以上、三越伊勢丹の現状の取り組みを踏まえ、論点を確認してきた。

次章以降では、三越本店の顧客戦略とそれを支えた経営の

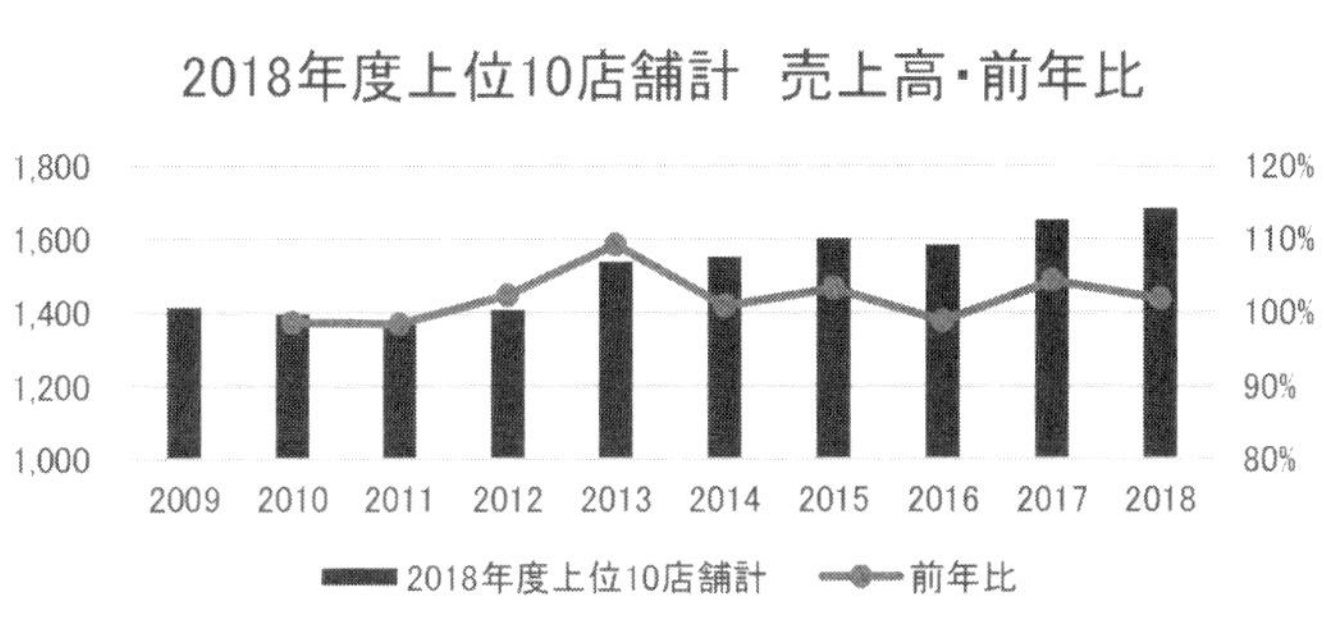

リーダーシップの記録をまとめた。いずれも、三越本店が輝いていた時代の第一線のリーダーが自ら記した資料や手記に基づくものであり、百貨店史に残る第一級の記録である。〝高質小売業〟としての生き残り戦略を考える時に、この記録から得られるものは少なくないと確信する。

# 第２章　三越本店を支えた生涯顧客制度 〜帳場制度の復活〜

〈黒部篤志〉

## 1 帳場制度とは？

三越独自の顧客制度である帳場制度について、その実像を記録した資料は少ない。新聞や雑誌などで取り上げられることもあり、政財界や医師・弁護士などの一定の社会的地位にある方々が会員となっていることから、その存在は広く知れ渡っている。しかし、「どのような制度なのか」について理解している人はほとんどいない。では、三越伊勢丹の社内ではどうか？　扱者《あつかいしゃ》がいたり、一定の優待制度があったり、などの外形的な特徴はもちろん理解しているが、その本質を語れる従業員は残念ながらいないようだ。

三越と伊勢丹は二〇〇八（平成二十）年に経営統合した。三越の〝強み〟である顧客戦略と伊勢丹の〝強み〟であるマーチャンダイジングを融合して、〝世界随一の小売業サービス業グループ〟を目指す……これが、基本的な考え方であった。三越の顧客戦略とは、帳場前主《ちょうばぜんしゅ》を頂点とした生涯顧客づくりである。帳場制度が〝強み〟であると言うならば、本来経営に携わる者全てが自分の言葉で説明出来なければならない。しかし、その本質を説明できる経営者は皆無だった。このことが、統合経営内部における帳場制度への不理解につながり、顧客制度に関わる設計において〝鬼っ子〟扱いされるようになり、機能不全状態となる。

一九九〇年代、現場レベルでも帳場制度の運用の形骸化が進んでいった。そもそも帳場制度自体、「制度」とは言うものの明文化されたルールはなく、先輩から後輩へと口承されたものであった。そして、採用抑制と経営の多角化によって店頭の社員数は急激に減少し、結果として一人当たりの顧客数が七〇口座を超える水準になった。売場業務の他に後述する「おすすめ販売」を求められる、前任の退職や異動により引き継いだ前主には挨拶にも行けないといった状況にあった。

## ２ 帳場前主と扱者との関係

私が記憶するベテラン社員のＹさんの話をしたい。

私は入社後、三越本店の鞄売場に配属された。そこにいたのが六〇代のベテラン社員Ｙさんである。当時は五五歳定年だったが、一五〇件程度の帳場前主を担当しており、業績貢献度が高かったことから、おそらく特例として継続して雇用されていたものと思われる。この一五〇件はＹさんが自ら口座開設した前主だった。

私は、上司にそのＹさんのサポート役を命じられた。帳場前主から記念品等の注文があった場合に生じる包装やお届けといった一連の作業が私の主な仕事であった。また、Ｙさんが帳場前主宅へ訪問する場合に付き添うことも多々あり、帳場前主と扱者との関係を知ることができた。象徴的な事例を取り上げたい。

①事例～家具のお届けで絵画の商談

帳場前主の家具の商談と称して那須の別荘を訪問する。

家具の商談だがパンフレットも持たず、心配になり車中でＹさんに尋ねると前主の話に終始して、家具については一切触れなかった。

別荘に着くと前主は不在だったが、Ｙさんは気にせず、裏木戸を開けて中に入っていった。「俺が来るのが分かっているのにいやしねえ」と呟きながらいきなり冷蔵庫を開けて水を取り出しコップに入れて私にも勧めてくれた。

しばらくすると前主が戻って来て、「あら、Ｙさん、お待たせしてすみません。今日はお付きの人がいるの？」といった軽い挨拶の後、Ｙさんは「いや今来たところです、いつもありがとうございます」。

この後、家族の事や三越に行って〇〇を見てきた等の世間話になった。三〇分程度後にＹさんから「この度は別荘に収める家具を決めていただきありがとうございます」
前主「先日、売場で〇〇さんに良くしていただき素敵な家具を紹介してもらったのよ」
Yさん「それは良かったです、ところで先日ご主人が画廊で大変気に入られた絵があったようです、私もご一緒しましたが本当に素晴らしい絵でしたよ、なかなか出回らない掘り出し物で是非、お勧めしたいですね」
前主「あら、Yさんがそこまで言うなら主人にも勧めて下さい」
帰路の車中でYさんから「今日は家具の御礼をするためとご主人から家内に絵を買うことの説明をして欲しい、との依頼があったので別荘に行ったのだ。本店に帰ったら美術部の担当Aに話して絵を売上計上しておくように」との指示があった。
美術部の担当Aを訪ねると、「ご主人は何回も売場に来てその絵を気に入り、『孫が医学部に合格したので、その記念に買いたい』と言うのでとりあえず〝約定済み〟にしてある」とのこと。

## ②事例~宝石の商談

〝宝石の訪問販売〟と称して、ある神社の宮司宅を訪問する。

通常は取引業者が同行するが、何故かYさんと私二人で訪問することになった。

商談用の「宝石パック」も持たず、不安にかられ、車中でYさんに確認したが、神社の説明と宮司の家族構成や帳場になって頂いた経緯を話すだけで宝石云々の話は聞けなかった。

玄関ドアを空けて「三越のYです」との声掛けに、前主は「Yさん、いらっしゃい、今日はお付きの方が見えているのね」との受け答え。

「新人で見習い中です」と言って簡単に私のことを紹介してくれた。

Yさんは前主の家族の事や神社の様子等をいろいろ聞き出しながら三〇分程度雑談した後、自前のミニバッグから宝石箱を取り出し、「流石にお目が高いです、これは奥様にお似合いですよ」と前主に差し出した。「Yさん、わざわざすみません、ありがとうございます」と前主が恐縮して礼を述べられた。

その場では状況がよくのみ込めず、帰りの車中で聞いたところ、「あの前主は宝石が大好きでいつも一人で本店に来て、宝石売場の担当Bが対応している。今回は二つの指輪を気に入り、どちらかにするか悩んでいたので、『Yさんに決めて欲しい』との話が担当Bからあった。俺が良さそうなのを決めて持参したんだ」とのことだった。

帰店後、売上計上のために担当Bを訪ねて行くと、「実は前主はYさんが持参した方を気に入っていたようだったが、ただ最後はYさんに決めて欲しいということなのだろうね」との説明を受けた。前主の思いとしては、「Yさんの実績となることを一緒に確認したい」という面も強かったと思う。

### ③事例～干支の置物

年末には、干支の置物を全社員で拡販していた。それぞれの売場に販売目標が設定され、鞄売場は一〇個だった。この商品は販売が難しい。しかし、鞄売場ではYさんが一人で三〇個前後販売するため私もプレッシャーを感じることはなかった。

ある時、Yさんと一緒に訪問販売に一〇件前後回ることになった。ほとんどの前主がリピーターで、

「今年もありがとうございました、これが来年の干支の置物です、来年も宜しくお願いします」といった年末の挨拶だった。しかし、そのうち二件は年末の挨拶とともに丁寧に商品の説明をしていた。私が車中でYさんに聞くと、

「『今年は要らない』と言う前主が五人いたが、毎年何人かはそういう前主が出てくるものだ。だから夏頃から別の前主に干支の話をしていて、今の前主はその一人だ」

と当たり前のように話された。

恒例の〝推奨商品〟なので「毎年買って頂ける前主がいれば楽だな」と思っていたが常に用意周到に新しい前主にアプローチしていることに感心させられた。売場に戻り先輩社員から、

「Yさんは年末の挨拶に伺う前主には必ず、干支の置物を持参する。挨拶のついでに持参しているのでは……」

と聞いた。前主との会話を常に重視する姿勢をここでも感じ取ることができた。

## ④事例～フルーツ缶詰

栃木県のA社から中元として、外熨斗でフルーツ缶詰三〇〇個という注文があった。外熨斗（包装紙で包んだ上に熨斗紙を掛けること―編集者註）なので商品を直配し、現地で包装せざるを得ない。前日に商品の積み込みを済ませて、午前一〇時には現地に到着した。その会社とは先代からの付き合いがあり、現社長は二代目だが先代以上に三越で買い物をしてくれているとのことだった。

二階の事務所まで運び込み、作業を始めたが、一〇分もしないうちに汗が吹き出る状態になった。

最初のうちはYさんが黙々と熨斗を掛けていたが、一時間が経っても作業がはかどらず、「こんな注文はもう受けないぞ……」と呟くようになった。途中で社長が「Yさん、大変そうだから若手に手伝わせましょうか」との声を掛けてくれた時は、「ありがとうございます。大丈夫です」と笑顔で応えたがそれからも一人で愚痴を言い続けていた。

作業が終わり、社長が確認した後、「Yさん、ちょっと」ということで別室に入っていった。

少しの時間と思って車の中で待機していたが、結局一時間くらい経った後で社長とご機嫌の様子で戻ってきた。

「Yさん、今日はありがとうございました」

「社長、また宜しくお願いします」

との簡単なやりとりで会社を出た。

車中でYさんは、

「あの社長は月に一回は奥様と一緒に三越にきている。次は家族で三越に来て頂けるそうだ」と笑顔で話していた。今日が大変だったことには一切触れることはなかった。

## ⑤Yさんの活動を振り返る

Yさんの活動から、扱者像を整理してみたい。

- 能動的に前主との接点機会をつくり、前主のことを知り、そして前主の信頼を得る努力を重ねている。すなわち関係性の深化を図ろうとしている。
- どの前主にも常に謙虚な姿勢で対応している。
- 売場のキーパーソンをよく知っており、自分が対応できない時に代わってお伺いできるように密にコミュニケーションをとっている。
- 販売員にはならない。扱者としての仕事に専念できたからこその営業スタイルであった。
- 売り込みではなく、「三越本店に出掛け、特別感を実感できる雰囲気・環境の中で楽しく買い物したい」という気持ちに応えるお役立ちの視点を持つ。

## ３ 一九七七（昭和五十二）年当時の帳場制度

私は一九七七（昭和五十二）年に入社した。その当時、帳場制度は経営方針の柱であった。新入社員研修の冒頭に言われたことは次の内容だった。

「三越には〝前主〟という言葉がある。これは店舗に入ったお客様は、〝目の前にいる主〟として、分け隔てなく接しなければならない。……三越というのは、百貨店業界の中で最もお客様を大切にする企業である」というものだった。お客様を大切にする姿勢は三越の良き〝伝統〟であり、〝風土〟であった。当時は「百貨店としては当然のことだ」と思っていたが、伊勢丹との経営統合を経て、それは決して当然ではないことが明らかになる。

お客様を大切にする風土の中でも、特例として、特別な環境で特別なおもてなしを受けられるお客様が帳場前主である。これは、売上貢献度が高いお客様というよりも、三越のファンであり、支持者であった。社員は、店頭はもちろん、店舗後方のみならず、本社に至るまで、そろって帳場前主を作らなければならない……という意識を持っていた。お客様に「帳場になって頂けませんか？」とお願いすることは、「あなたのお役に立ちたい！」との三越からのメッセージである。扱者として、お客様との信頼関係を醸成し、来店頻度を高め、結果としてライフタイム・バリューを拡大する仕組みである。

一九七七（昭和五十二）年当時の売場を振り返ると、〝ＯＮＥ ＴＯ ＯＮＥ〟と言うものの、自分で口座を開設した帳場前主は少なく、先々代、先代からの前主など、引き継ぎが大半ではあったが、それでもベテラン社員を中心に一定レベルでの関係性が構築できる状況はあった。一九七八（昭和五十三）年には帳場の決済がクレジットカードとなり、今までもあった扱者制度がより明確なものになった（売場販売員の行動基準として、帳場カードを提示された場合には必ず『扱者』を尋ねることになっていた）。

この当時の帳場口座数は約三万件。売場のベテラン社員Aさんも二五件の帳場前主を担当していたが、自分で開設したのは三件のみ。〝前主案内〟と呼ばれる来店時の店内エスコートも一週間に二回くらいだった。店頭部門の社員は、売場業務をしながら、時々前主案内をする程度であった。もちろん、売場業務には関わらず、ずっと前主案内や外出で帳場前主の対応をしている社員もいたが、ほんの一部であり、その担い手は高卒のベテラン社員だった。当時、大学卒社員は幹部候補として数年の売場経験を踏まえて仕入れ部門など、後方部門へ異動になる一方で、多くの優秀な高卒社員が店頭に配属されていた。部門を越えた売場異動も少なかったことから、扱者として帳場前主対応を担っていた。

一方、相対する帳場前主にもいろいろなタイプがある。

一つ目は、アテンドを受けずに自由に買い回り、決済時に帳場の扱者名を申告する前主。販売員も帳場カードを提示された場合には扱者を尋ねることがルールだが、帳場はステータスでもあるので積極的に「私の扱者は○○……」と言って頂けることが多かった。お買い物のご相談がある時は、扱者にお声を掛けて頂ける。

二つ目は、〝お廻し〟を利用される前主。売場を買い回るが、その場では商品を受け取らず、最後に扱者の売場で受け取る。扱者は商品の伝票をとりまとめ、その売場で決済し、お客様へ商品をお渡しするか、お届けの手配をした。もちろん、扱者不在の場合には売場メンバーが全て代行していた。

三つ目は、〝前主案内〟（売場へのエスコート―編集者註）を希望する前主。来店の度に案内を求められることはなく、前主の要望に基づいて店内をご案内した。売場業務を担いながらの扱者であり、外出はほとんどなかった。そもそも帳場前主は売場の優良顧客であり、来店での買い上げが前提だった。

## ４ 売場別売上管理制度の導入

三越独自の管理会計である「売場別売上管理制度」は、後に帳場制度の運用を歪めていく一つのキッカケを作ったことから、触れざるを得ない。「売場別売上管理制度」とは、部門単位で所属する社員が作った売上を把握するもの。自分たちの売場で自分たちが作った売上（A売上：自部自部）に、他部門へお客様をご紹介して作った売上（B売上：自部他部）を合算して算出する。もともとは、自らを介して買い物をして頂けるお客様を増やすことを意図していたと思われるが、社員を詰めて売上を作る仕組みとして機能していった。その後の「オールセールスマン運動」につながっていく。

但し、当初は帳場制度との結びつきはあまりなかったようだ。帳場前主は、三越のファンであり、支持者でもあり、大切にしているお客様だからこそ、無理な売り込みの対象とは考えられなかった。むしろ、お客様の方が気を遣って買い物をして下さった。それだけ購買力もあるし、「三越を応援したい」と思って頂いていた。だから、(一部に帳場前主に頼み込んでお買い求め頂く扱者もいたが) 取引先に様々な商品をお付き合い頂くことが常態化していった。一九七八（昭和五十三）年には、独占禁止法（第一九条　不公正な取引方法の禁止）違反容疑で公正取引委員会の立入検査を受けることになる。

「売場別売上管理制度」の導入時期は、一九七三（昭和四十八）年頃と言われる。商品売上と部門に所属する社員の「関わり売上」を結びつけるユニークな制度である。そのため、商品管理のコード体系の整備、情報処理システムの導入等の環境が整うことが前提であった。そこに、「セールス」としての生産性をマネジメントする経営としての意思が加わり、運用が始まったと思われる。

店頭社員を「セールス」として見る施策は、当初「推奨商品」という名称で始まった。具体的な商材としては「額吊りセット」「救急箱」「食品（わかさぎ・鰻・イギリスパン・男爵じゃがいも）」「料理大辞典」等。金額的にはそれほど高額でなく、社員でも購入できる価格帯の商品を拡販する位置づけだった。この時点では、予算＝実績管理のプレッシャーはそれほど大きくはなかった。

その後、岡田茂社長時代後期（一九七九年頃～）には、「おすすめ販売」となり、より高額品の販売を求める施策に変容していった。具体的には、呉服・宝飾・絵画などを対象とし、部門ごとに目標販売数を定めて進捗を管理した。こうした部門では、担当商品の販売は日々の仕事そのものだが、その他部門では、担当業務や帳場前主への対応に加え、〝セールス〟としての役割が加わり、トリプルスタンダードの働き方が求められることになった。

この当時の業績管理の基本単位は「品別」と呼ばれていた。「品別」とは本来は商品管理上の括りであり、呉服＃００1、紳士鞄＃０４５、婦人セーター・ブラウス＃０２３、寝具＃００９、和洋菓子＃０８３等と表記した。それぞれの「品別」には、リーダーとなる課長（一九九二年からはマネジャー）が配置され、その配下にメンバーが属す。その所属メンバーはそれぞれ帳場前主の扱者になり、その予備軍（マルT口座）を抱え、担当部門以外のお買い物のお手伝いをすることがあった。その売上高を「売場別売上」と呼ぶ。「品別」の業績管理は、「品別売上」と「売場別売上」の二軸であり、岡田茂社長以降は帳場前主等以外の家族親戚、友人知人への拡販も強く求められるようになっていくのであった。

高度成長期には順調に業績を伸ばし、高卒の従業員を大量に採用していったが、一九七三（昭和四十八）年の第一次石油危機によって一気に消費が落ち込む。低迷する業績を何とか回復させようと〝売場別売上〟拡大にアクセルが踏まれた。この制度は一九九九（平成十一）年まで継続する。

## 5 帳場制度の形骸化

一九八三（昭和五十八）年三月から全社運動としてスタートした「みんなの心を結集運動」は、前年九月に解任された岡田茂社長時代に損なわれた従業員のモラルとモチベーションを取り戻す動きであり、象徴的活動である「おすすめ販売」も下火になっていく。一時離れていた帳場前主も、岡田解任によって戻ってきた。

苦悩に苦悩を重ねてきた市原社長は、胸を詰まらせるように語った。

「事実、あの事件（岡田事件―編集者註）で三越はお客様に愛想をつかされたと思いますよ。無理な販売は絶対にやるなと指示した。過去は問わない。元に戻せといった。僕は何もできない社長といわれた。事実、僕は何もできない。やるのは社員だといってきた。その気持ちがみんなわかってきた。」（市原晃社長）

三越の〝奇跡〟のような黒字復活は、業界各社にとっても予想外のことであった。

……黒字化の背景は、基本的なことながら、日本橋本店に代表されるように商品面での入れ替えが最大なものである。さらに、細かくいえば、本店の〝お帳場前主〟システムが再び稼働してきたことが貢献している。

〝お帳場前主〟とは、呉服時代以来の独自システム。店員が個人の上得意客とマン・ツー・マンで付き合い、店員のクレジット（信用）で販売するやり方である。

この〝お帳場前主〟システムは、岡田前社長時代に乱用された。売り場が軽視され、ひいては問屋への押し付け販売にまでつながった。

市原社長は、あまりの乱用もあり、当初、〝お帳場前主〟システムを自粛させ、正常化を図った。反面、店員と上得意客のつき合いが薄れるマイナスも出た。商品面の入れ替えとともに、チェックを効かしながら、このシステムを再稼働させた。

九月～一二月は、〝お帳場前主〟が一〇・六％増となり、本店の増収の隠れた要因となっている。旧くさい感じがしないでもないが、確かに底力ではある。

※「復活三越　市原晃社長の孤独なる闘争」『週刊東洋経済　第四五七四号』（東洋経済新報社、一九八五年二月九日）

帳場前主と扱者の関係は切れていなかった。市原晃社長の下で短期的な業績回復を果たした。しかし、一九八四（昭和五十九）年八月に津田尚二氏が三越本店長に就任して以降、帳場制度は本格的に形骸化していくことになる。同年十月の店長方針説明会で「髙島屋から地域一番店を奪い取りたい」との意思表明があった。当時、岡田事件によって日本橋地区における売上高地域一番店の地位は髙島屋に奪われていたのだ。売上拡大の具体策は、〝おすすめ販売〟の強化、店外催事の強化、新規帳場の拡大。新規帳場の獲得は本来、既存の帳場前主からの紹介等が主であったが、そこから逸脱し、帳場カードの発行枚数を大きく増やす施策も含まれていた。津田尚二本店長は「帳場前主だけで、本店の売上を作りたい！」との発言もあった。また、「男性社員は店頭にいても仕方がない（外出して商品を売ってくるべきだ）」と常々発言していた。津田尚二氏の出身部門である呉服部では、当時、店頭は女性社員と取引先からの派遣社員を中心に運営されており、男性社員は帳場前主を中心としたお得意様を回って売上拡大に努めるのが基本になっていた。極めて特殊な働き方であるにもかかわらず、呉服部以外にも拡大することを目指していた。

〝おすすめ販売〟の強化に向け、イベントを中心とした動員販売が求められた。売上を作るキッカケとするため定期的にイベントが設定され、動員用に制作されるDMが社員に一〇枚ずつ配付された。DMの送付先を動員見込みリストに書き込むことを求められ、来場見込みなどの進捗報告を求められるようになった。とは言え、商品担当部門にとっても、膨大な動員見込みリストを確認することは不可能であり、進捗管理はほとんど機能していなかった。

また、店外催事の強化として、ブランド商品などの百貨店らしい商品をお買い得価格で販売する帝国ホテルバザールに加え、五反田ＴＯＣ、池袋文化会館、目白椿山荘、幕張メッセなどでの価格訴求催事が毎月のように開催されることとなる。多頻度の催事開催が前提となるため、各営業部には、若手・中堅社員を中心として催事チームが設置された。

さらに、一九八六（昭和六十一）年に、西武百貨店より返り咲き、新たに社長に就任した坂倉芳明氏が掲げた〝拡百貨店戦略〟によって、生活総合産業の掛け声の下、多角化が進められ、多くの社員が慣れない周辺事業へと転出を求められることになる。

バブル経済期の好景気には新卒採用を拡大したが、業績が伸び悩む中で採用は抑制されていた。結果として、帳場前主の扱者を担う人材は限定的にならざるを得ず、一九九〇年代後半には一人当たり七〇件を超える口座を抱え、引き継ぎを受けた前主にも挨拶さえせず、扱者の名前さえ分からない前主が多数生じてしまう実態が生まれた。

三越は一九七〇年代まで優秀な高卒社員を多数採用し、これが扱者となって帳場制度を支えていた。同時代の大卒社員は将来の幹部候補であり、その後経営を担っていくことになるが、売場経験は短く、帳場制度の本質を実感をもって理解出来ない要因となる。

## ６ 帳場プロジェクトの発足～個人営業部門の革命が始まった～

一九九八（平成十）年二月、お得意様営業部マネジャーを命ずる。

辞令にあたって松本健太郎本店長から「これまでの労働組合での経験を活かして、帳場制度の活性化に取り組んで欲しい」との指示があった。

その当時、三越本店は業績が低迷。その要因の一つは、帳場制度の機能不全にあった。前年九月まで三越労働組合日本橋支部委員長を務めており、売場別売上管理制度の運用に絡んで職場委員より帳場制度の実態を聞いていた。こうした声を踏まえ、一九九六（平成八）年十二月の労使会議にて「帳場制度は、（呉服部など一部を除き）実質的に機能していない！」と発言した。当時の津田社長他、経営陣は「何を言っているんだ！」という反応だったことを覚えている。経営陣には現場の実態が理解されていなかった。恐らく、この時点での発言が辞令につながったと思われる。

一九九七（平成九）年に帳場実態調査を実施した。対象は日本橋本店勤務の一五六九名。帳場前主は八万五〇〇〇弱。現在の扱者が自分で開設した前主が約四二％。実に引き継ぎが四万九〇〇〇件だった。扱者として顔を知らない前主が約四割にも上り、引き継ぎ顧客に至っては約六割で接点がなかった。

※三越労働組合日本橋支部生産性向上委員会議事録（一九九八年二月五日付）。

お得意様営業部マネジャーとしての仕事は、帳場制度の活性化に向けたプロジェクトの推進。当初は、扱者の付かない一般のハウスカードへの切り替えも必要なのではないか、と考えていた。

お得意様営業部は、それ以前の「特別ルート販売部」から呼称を変更し、仏事営業、ギフト営業、ブライダル営業、家庭外商で構成された。帳場プロジェクトは、家庭外商担当に括られ、マネジャーとメンバー一五名の体制でスタートした。その役割を明確にするため、〝帳場チーム〟と呼ばれる。

帳場チームは、最初から困難の連続だった。辞令交付時の本店長の説明どおりならば、戦略的な位置づけにあるはずだが、その意義は部内でも共有されていなかった。「いったい何をするチームなのか？」「お手並み拝見」という雰囲気だった。そもそも部長への挨拶の際、「帳場制度の改革をして欲しいとの説明を経営から受けた」との報告に対して、「ここは営業現場だから、『経営』とか『改革』などという言葉を使ってはダメだ。一五人のメンバーが気持ち良く活動できればよい。それだけを考えて欲しい」との指示を受けた。

自分としては強い違和感を覚え、「このままでは改革が進められない」との危機感を持った。そのため、帳場チームの意義をチームメンバーだけでなく、部門全体で共有する必要があると考え、配属初日のチーム夕礼にて、帳場チームの意義を説明した上で次のように説明した。他のメンバーにも聞こえるような大きな声で。

「売上は当面気にしなくて結構です。やるべきことをやって頂ければ売上は後から付いてきます！」

この発言は、他チームのメンバーはもちろん、部長も聞いていたと思う。恐らく快く思っていなかっただろう。お得意様営業部の最も重要な成果指標である売上を気にする必要がないと表明したわけだから。後日聞いたところでは「#404（帳場チーム）はすぐに解散するだろう」と部門内で言われていたそうだ。

しかし、この発言によって一五人のメンバーの不安が払拭され、帳場チームの一員としての自覚とやる気に結びついていったと思う。一五人は数年後に定年を迎えるベテランが主体であり、全員が営業経験はなく、その中には入社以来電機・機械担当でお客様と接したことのないメンバーもいた。仕事に対して不安を抱えていたことは間違いない。

## 7 地区担当

帳場チームの最初の仕事は「帳場前主を知ること」とした。

前年に実施した帳場実態調査も踏まえ、売場などで抱える低稼働前主や休眠前主一万七〇〇〇口座について担当する。但し、扱者変更は実施せず、「地区担当」と呼んだ。売場別売上管理制度の下では、帳場前主の移管によって売上減少の不安もあり、営業部からの協力も得られないと考えた。預かった前主は、東京二十三区を五つに分割し、それぞれ三人×五班で担当する。一人当たり約二〇〇件程度。二十三区以外の前主は、都下・千葉・埼玉・神奈川は宅訪できる地域を決めて割り当て、地方前主は宅訪が出来ないことから機械的に割り振った。

「帳場前主を知る」活動を始めるにあたり、チームミーティングや個別面談を実施して、具体的な働き方について議論し、決定した。

「私は普通に努力すれば、誰もが出来ることしか求めません。そのかわり必ず実践して下さい」

ミーティングや個別面談で、その都度伝えたのはこれである。また、毎日の仕事を振り返り、課題と感じることや気づいた点は、その都度話し合うことを決めた。

一回目の宅訪ではテーマを「現扱者との関係性を確認してくること」とし、それぞれ二〇〇件の前主を三カ月で回ることを目指してスタートした。取りあえず、扱者の話を切り口にいろいろな声や意見を聞き出そうということが趣旨。最初のうちは、「三越です！」とインターホン越しに話すと配達員と誤解して印鑑を持って出て来たり、名刺を受け取るだけで早々に家の中に入ってしまったり、話を聞き出すことが難しかった。

また、あるメンバーからは「宅訪と称して、近くの喫茶店で休憩しているメンバーがいる。宅訪件数も誤魔化して報告している」といった報告も寄せられた。不正を働くメンバーを放置することは、他のモチベーションを損なう。その日の夕礼にて次のようにメンバーに伝えた。

「皆さんの日報で前日の宅訪出来た前主をランダムに抽出して、私からお礼の電話をします」

さらに、宅訪しなければ得られないお住まいの状況を報告することを決めた。

翌日から報告される宅訪件数は激減したが、前主の声を正確に収集していくためには、些細なことであっても全員が納得する形で不正を排除していくことは重要である。

宅訪から戻ってきたメンバーの間で、その日の出来事などを話し合う様子が増えてきた。主な内容は、「お会いしたことのない前主とどんな話をすればよいのか分からない……」というものだった。そこで、毎週土曜日に振り返りミーティングを開催することとした。それぞれのメンバーが抱える悩みを共有し、解決策を皆で考えていく機会となった。例えば、「前主は名刺や持参した資料を見るばかりで、双方向の会話まではならない……」という課題に対して、あるメンバーから「『今日は私の顔を覚えて頂くために参りました！』と切り出すと、前主は顔を見てくれるのでスムースに会話出来る」といった意見が出され、実際に実践してみると効果があった。こうした好事例が出てくるようになった。営業活動とは会社を代表して前主との関係を築くことが必要で、いろいろな悩みを抱えることがある。こうした悩みを解決することがやる気につながる。それぞれが思っていることを吐き出すことで、日常的な愚痴もなくなり、それまでよりも前向きに取り組むようになっていった。

試行錯誤の宅訪活動だったが、扱者との関係については次のような声が多かった。

「最初の扱者は知っているけど、その後の扱者は知らない……」

「最初の扱者は私のことをよく分かってくれていた」

「あの扱者は今どこにいるの？」

「扱者が交替したことを請求書で知った」

「昔は扱者がよく家に来ていたが、今は全く来ない」

一九九七（平成九）年の調査で示されたように、顔の見えない前主が多くなってしまっている実態が裏づけられた。一方で、扱者制度を否定する前主はなく、以前の扱者との思い出話をしながらも帳場前主であることに対して誇りを感じている前主も少なくなかった。

自分も一六名の前主をランダムに抽出し、宅訪を行ってみたが、そのうち三名には玄関まで入れて頂いた。三名の前主に共通していたことは「三越が好きである」「百貨店は好きだが、最近は三越に行っていない」「両親は三越をよく利用していた」である。

一回目の宅訪もほぼ終了し、いよいよ二回目となる段階でチームミーティングを行った。二回目の目的は宅訪件数の確保ではなく、より突っ込んだ情報の収集に主眼をおく。帳場チームの活動の趣旨を説明し、「扱者に期待すること」を聞き出すことを目指した。一回目よりも難しいとの意見もあったが、定例ミーティングでは活動の趣旨を再確認するとともに、「どうしたらお客様の声を引き出せるか」について真剣なやりとりがあった。

二回目の宅訪はお話を伺えそうな前主を優先した。結果として件数は減少したが、日報や顧客情報シート（通称『三枚シート』）への記載内容も充実した。

日報だけでは読み取れないことも多くなり、宅訪から戻ったメンバーも私に直接伝えたいことがあるようで、連日個別に詳細を聞くことが日課となった。

「扱者に期待すること」を中心に意見を伺ったが、寄せられた主な声は次の通り。

「会ったこともない扱者から欲しくもないDMが送られてくる」

「〇〇百貨店の外商がよく宝石などを持ってくるけど、お付き合いするのは疲れる」

「商品を持ってこないで欲しい。欲しいモノがある時には出掛けていって沢山の中から選びたい」

「いつも家事ばかりなので、たまにはお洒落して出掛けたい」

多くの百貨店が実施している訪問販売に対して批判的な声が多かった。

## 8 帳場チームの増強

一九九八（平成十）年度も下半期になり、帳場チームは売場からの転入者五名が加わり、二〇名体制となった。担当する前主にも変化があった。服飾雑貨部が担当する前主約四〇〇〇件が帳場チームへ移管された。つまり、正式な扱者となった。服飾雑貨部の部長は当初移管には反対していたが、売場別売上予算も引き受けることを前提に了承された。松本健太郎本店長からは「売場別売上予算を引き受けて、売上を落とさないか？」と心配されたが、そもそも扱者としての活動は呉服部や美術部以外ではほぼ有名無実となっており、「帳場チームへの移管によって売上は拡大するはず」と答えた。呉服部や美術部は売りづらい商材でもあり、自部門でのお買上高が継続的に期待できる顧客を帳場前主としてきた。よって、前主と扱者の関係は他の部門よりも深かった。

服飾雑貨部から移管された四〇〇〇件はその時点で稼働している前主。担当を割り振り、アプローチを開始した。正式な扱者としての宅訪を始めて想定外の成果があった。顧客情報シート『三枚シート』への記入内容の精度が格段に向上したのである。扱者になると宅訪は定期的に行わなければならないため、次につながる情報を積極的に収集するようになった。但し、ヒント情報は簡単には得られない。ヒント情報は〝未来情報〟（将来の購買につながる情報）であり、前主との関係性が希薄だと教えてはくれない。

上半期の活動を踏まえ、扱者として「前主のことを知る」、そして「前主から信頼される関係性を築く」ことを仕事の軸とした。前主とのコミュニケーションに求める内容も精度を高めようと考えた。

■第一ステップ……前主に自分の顔と名前を覚えて頂くこと
■第二ステップ……家族のこと、ご主人の職業（会社名・役職）、百貨店の利用状況、三越に対する考え方を確認すること、扱者への期待内容を探ること
■第三ステップ……雑談が出来る関係になるよう、次回宅訪に向けてのキッカケを作ること
■第四ステップ……何でも相談頂ける信頼関係を築くこと

ステップアップを目指して、扱者ごとに様々な工夫もしながら、顧客情報シートを埋めていく努力を続けることになった。

## 9 顧客情報シート

「地区担当」から「扱者」となることで、メンバーの意識も大きく変わる。それに伴って、評価指標を顧客情報シートへの記入状況に変更した。記入枚数×情報の質の視点から捉えた。

顧客情報シートは三枚つづりになっており、構成は次のとおり。

■一枚目……前主名・住所・電話番号・口座番号・職業・買上実績・住環境
■二枚目……発送DMリストとその反応
■三枚目……メモ情報（役に立つか否か不明だが、一応残しておくもの）・ヒント情報（今後の商売に役立つ情報）

一枚目の基本属性は社内顧客情報システム（通称DC00）の内容から事前印刷。それ以外は宅訪を踏まえて把握した情報を記入することとした。社内情報システムで把握している情報は、ほんの一部であり、家族に関する情報や具体的な勤務先会社名と現在の役職などはヒアリングによって聞かなければ得られない。得られたとしても適宜更新しないといけない。

二枚目はＤＭ情報。前主宅には一定の基準に基づいて自動的に発送するものと扱者が選択して郵送するものの二種類のＤＭが届いている。このようなＤＭに対する反応から前主の趣味嗜好が把握できる。自動発送ＤＭの中には関心がないものも多く、ご要望を踏まえて発送中止の手続きをとる。

三枚目は特に重要である。メモ情報欄には、趣味のような日常的な生活のことなど、家族単位での情報を記述する。ヒント情報欄には、ご主人の昇進・叙勲、子供や孫の誕生・入学・卒業・就職・結婚などを記録する。ヒント情報は、関係性が深まらないと教えて頂けない特別な情報である。

この顧客情報シートは、接点活動を通じて得られる情報をその都度記入し、修正していくことで情報の鮮度を保っていく重要なツールである。扱者が二〇〇件もの前主を担当する上で、前主のことを忘れずに、お役立ちをするためにも有効なツールとなっていった。結果としてこの顧客情報シートの精度を高めることで、前主の引き継ぎもスムースに行えるようになった。

## ⑩　お得意様サロン

宅訪を中心とした関係づくりが進むに従い、扱者に対して前主より「あなたはいつもどこにいるの?」という投げ掛けが多くなった。しかし、扱者は宅訪で不在にしていることが多い。ご来店頂いた際にコミュニケーションをとる場の必要性が高まってきた。そこで一九九八(平成十)年九月には本館六階特選売場の応接室(メイプルサロン)を暫定的なお得意様サロンとして位置づけ、メンバー五名を配置し、お茶を提供できる体制を整えた。この位置づけは、お客様の〝お休み処〟というよりは〝扱者と帳場前主とのコミュニケーションの場〟であった。

宅訪件数が拡大していくことに伴い、ご来場頂ける顧客も徐々に増え、一九九九(平成十一)年八月に旧新館九階にお得意様サロンが完成した。以降、最大の来店促進ポイントとして活用していく。

事前に来店の連絡がある場合には扱者が待機しているようにしていたが、多くは突然のご来店。扱者が不在の場合にはサロン担当者が代行としての役割を果たす。扱者への伝言ならばサロン担当者が伺うことができるが、依頼や相談がある場合には扱者が所属するチームのアシスタントやマネジャーが代わって対応する。

お得意様サロンの環境もコミュニケーションを前提に考えられている。テーブルや椅子の配置、茶菓の提供、お廻し(店内のお買い物をまとめて受け取れるサービス)等々。単にお休み処としてお茶を飲みたいとのご要望には、お得意様サロンではなく、よりグレード感とメニューのバリエーションのある店内喫茶室をご案内したこともある。お金を払うことを厭わず、自分で好きな飲み物を楽しみたいお客様もいらっしゃる。

お得意様サロンの機能として重要なものはサロン担当者の役割である。扱者との関係性が深まった前主の来店頻度が高まり、お得意様サロンの利用も飛躍的に増えてきた。

「扱者の○○さんを呼んで下さい」「○○さんに私が来たことを伝えておいて」「買い物の途中だけどくつろぎにきたの」などなど。これは、関係性が深まった扱者に喜んで欲しいとの気持ちの表れでもあった。

前主がお得意様サロンを利用する主な理由はこの三つ。さらに、サロン担当者との会話を楽しみにしている方も相当数に上る。

前主がサロンに立ち寄った場合、サロン担当者は全員が笑顔でお出迎えする。次に待機していた担当者はお席までご案内し、お好みのお飲み物を伺うとともにさりげなくご来場の目的を引き出す努力をする。扱者を呼ぶように依頼があれば扱者またはアシスタントへつなぎ、扱者への伝言があれば伺い……お客様のご意向に沿って動くことが求められる。

利用頻度の高い前主の顔は担当者全員で覚えて、名前でお呼びするようにしたり、お好みのお席を覚えていてご案内したり、お好みの飲み物を覚えておいて「いつものです」と言って、そっと差し出したりなど、ちょっとした配慮が前主との関係性を深めることにつながる。

このように、担当者全員がお得意様サロンの位置づけを理解し、その役割を果たしたことでお得意様サロンへの支持も高まっていった。

ご来場頂ける前主が増えてきたことに対応し、二〇〇一（平成十三）年八月には本館六階へ増床移設となった。土曜日や日曜日には一日千人を上回る来場を記録することもあり、席数を増やしたにもかかわらず、入口に長蛇の列ができた。

## 11 特別ご招待会

のちに、お得意様営業部の働き方の起点となる特別ご招待会（通称、特招会）は、帳場プロジェクトであった一九九八（平成十）年七月に一度開催されている。特別ご招待会は、特別な企画やイベントを用意し、お得意様をご招待しておもてなしをしようというものである。この七月には、家庭外商部門の顧客全員にご招待状を送って周知したが、来場数が少なかった。会ったこともないお客様にＤＭだけ出しても相当魅力的な企画なり、イベントがないとお客様には響かないということ。

そして十二月に再度開催することになった。帳場チームは扱者としての宅訪を重ね、顧客情報シートの精度も高まってきてはいるが、来場して頂ける前主がどれだけいるのか、確信を持てなかった。

特別ご招待会の第一の目的は「来店促進」にある。前主に特別な商品や楽しんで頂けるイベントを用意し、扱者がその説明も含めて電話アプローチする。前主には案内葉書を郵送するが、具体的な企画内容は記載されていない。扱者が直接伝えないと、何をやっているのか分からない。だから電話しなければならない。

ご来場頂いた前主には必ず挨拶する。ご招待したのだから。さらに、前主の意向も踏まえて店内をご案内する。事前の情報収集によって前主の趣味嗜好を把握していれば、関心ありそうな売場を案内できる。十二月の特別ご招待会開催は会期二週間前に決まった。そこから帳場チームメンバーはそれぞれの前主に電話アプローチを開始した。実は七月の特別ご招待会の時にも電話アプローチを実施しようと考えていたが、宅訪も実施できていない、話をしたこともない前主ばかりであり、実際には徹底できなかった。十二月の電話アプローチは順調に進んだが、想定外の出来事があった。電話アプローチしている合間に、メンバーが売場を回って企画やイベントの詳細を確認し始めたのである。指示をせずとも、前主に説明する上で必要な詳細情報は、自ずと取らざるを得なくなったということ。嬉しい誤算だった。こうした活動を毎月繰り返すことで、前主に対する情報提供など、お役立ちのレベルは必然的に向上していくことになった。

会期当日、開店直後から多くの前主が受付にいらっしゃった。この十二月の特別ご招待会では、家庭外商担当以外の仏事・ギフト・ブライダル担当もお客様をお呼びすることになっていたが、来場顧客の多くが帳場チームの前主だった。二〇人の帳場チームが呼んだ前主が約三〇〇組。一方、他の家庭外商チームと仏事・ギフト・ブライダル担当約一五〇人が呼んだ顧客は一二〇組。その差は圧倒的だった。帳場チームは一人当たり一五組であり、その他は一組にも満たない。

前主はご夫婦でのご来場が多く、日曜日にもかかわらずご主人様はスーツでお見えになるケースが多かった。奥様は宅訪で面識があり、親しく言葉を交わすことができたが、ご主人様は初対面。名刺交換でご主人様の所属する会社名や役職など、詳細な情報を確認することも出来た。顧客情報システムで把握している会社名や役職は申請当時のものであり、更新されていないことが少なくない。当時は部長職だったが今は取締役だったり、勤務医だったが今は大病院の院長先生だったりなど、社会的地位が高いお客様が多いことを改めて実感した。

特別ご招待会が始まった頃は三越本店内での認知度も低く、企画やイベントも質や量ともに今一つだったが、来場前主が増えていくに従って、それぞれの精度も向上していくことになる。いずれにしても、関係性構築活動を前提とし、特別感のある商品やイベント、サービス体制、環境を整えてお声掛けすれば前主はご来場頂ける、そしてお買い物を楽しんで頂けるということが明らかになった。また、宅訪ではお会いすることが難しいご主人様と接点を持つ絶好の機会となることも分かった。

特招会会期中は、扱者はもちろん、部長、マネジャー、企画スタッフ等、冠婚葬祭を除き、社員は全員出勤。来場された帳場前主の接遇、応対に万全の体制で臨む。当たり前のことだが前主をご招待しておいて自分が休むということは絶対に許されるものではない。特招会受付はマネジャーとアシスタントが取り仕切り、前主が受付にいらっしゃると扱者を電話で呼ぶ。当時は、まだ携帯電話は普及していない。屋上の休憩所に固定電話を置いて呼び出す。扱者はコール後五分以内に会場に参じることができるよう待機する。部長も受付に常駐し、扱者から要請された前主を中心に挨拶に徹する。前主と扱者のやりとりを観察すれば、その関係性の濃淡も判断できる。受付会場は月に一度の帳場前主のコミュニティサロンの様相を呈していた。特招会で来店された帳場前主の買上率は九割を超えており、平均客単価も一〇万円前後と本店平均を大きく上回る。

特招会も本格的に開始してからの半年間は受付が毎回変更になるなど、店舗全体が様子見的なムードだった。しかし、会期になると扱者が各フロアをアテンドし、帳場前主を接客する件数が増えるようになり、買上ヒット率も高い。これによって店舗全体の意識が大きく変化していくのを実感した。

そんな中、売場から「帳場前主と一般前主との見分けができればありがたい」との意見があった。

受付で手渡す粗品用のショッパー（バッグ）を特別仕様にして、帳場前主が特定できるようにした。そのショッパーを持つ前主とすれ違う際に「いらっしゃいませ」の一言が販売員たちから自然に出るようになればとも思った。「部長、この次も帳場のお客様呼んで下さいね、しっかり伺いますから」「特招会中は絶対に休まないんです」といった声が派遣社員からも普通に聞かれるようになった。特招会が帳場前主にとって真に特別を実感できる一日に近づいていることと確信した。

## 12 帳場プロジェクトの総括～百貨店外商の常識をブチ破る～

一九九八（平成十）年三月から一年間の帳場プロジェクトの取り組みを総括したい。

上半期に約一万七〇〇〇件、下半期に四〇〇〇件の帳場前主を対象として、帳場制度活性化の可能性を探ってきた。事前調査では「会ったことがある前主」が約六割と言われていたが、実際に前主にヒアリングすると「扱者の顔と名前が一致して適宜コミュニケーションも取れている」と言った前主は服飾雑貨部から移管された数十名に限られていた。つまり、本来の扱者制度が機能しているのはごく一部に過ぎない。一方、扱者制度の意義まで否定する前主はなかったが、現状の扱者の活動に対して物足りなさを感じている前主が大半だった。逆に言えば、扱者が関係性深化を図り、能動的にお役立ちに取り組むことで三越本店の利用頻度は高まると確信した。

この時点では、服飾雑貨部以外では売場業務と帳場前主の扱者の一人二役を求められていた。三越本店の帳場前主をすべて帳場チームへ移管することで、店舗業績も大きく伸びていくことが想定できた。

働き方の基本は「関係性深化」を通じた「お役立ち」である。訪問販売に対するニーズは、もはやない。それ以上に警戒感や嫌悪感を持たれている。過去には、宝石や絵画、毛皮などを扱者が持参し、その中からお付き合い頂く商売も成立していた。三越の営業車が自宅に横付けになっていることもステータスに受け止められていたこともあった。しかし、今やモノ余りの時代。購買に至る決定要因はモノそのものの使用価値だけではなく、お買い上げ頂くための環境やサービスなどに移ってきているのだ。わざわざ三越本店へ出掛け、お買い物を楽しみ、楽しいひとときを過ごすことに意味を見出して頂いている。

帳場前主は世代を超えて三越をご愛顧頂いているお得意様である。厳しい審査基準を満たした顧客であり、一時期お買上高が伸び悩むことがあっても生涯に亘って三越でお買い物をして頂ける生涯顧客である。だからこそ、直近のお買上高の多寡にかかわらず、扱者は関係性構築に努め、信頼関係なくしては明かされないメモ情報やヒント情報を収集しなければならない。三越本店の企画やイベントを活用して、わざわざ出掛けて頂くための動機付けをすることは重要なお役立ちである。このような視点で、毎月開催される特別ご招待会、半期に二回開催される逸品会、三彩会（呉服）・三翔会（呉服）、美術逸品会、宝飾展などが有機的に機能することとなった。

帳場チームの行動基準は真面目に取り組めば誰でも出来るレベルに設定。顧客情報シートを媒介としてメンバーとは毎日のように面談することで、全員が実践できるようになった。その一方で、関係性構築に向けたコミュニケーションの取り方やヒント情報を引き出す力について、メンバー間で明らかに格差が生じ始めてきた。「行動基準の完全励行」の次のステップとしての「取り組み」を定め、その達成度合いを定量・定性的に捉える指標を整理することにした。誰が見ても納得できる評価の仕組みづくりだった。

## ⑬新・お得意様営業部（一九九九年三月〜）

一年間のプロジェクト活動を終え、一九九九（平成十一）年三月に新たなお得意様営業部がスタート。従来は、家庭外商担当の一部が帳場前主担当であったが、新たなお得意様営業部では、基本が帳場前主担当となった。営業担当も二〇名から一二〇名に増員となり、顧客数も約三万口座まで拡大した。

私は、ディビジョンマネジャー（マネジャーの上位職）となり、部門の責任者の役割を担うことになった。組織目標はシンプルに「来店促進」とした。一年間の活動を通して帳場前主は「外商」を求めていないことが明確になったからだ。最初の仕事は宅訪一本に絞り込み、担当するすべての前主と「普通に雑談ができる」関係の構築を目指した。

新・お得意様営業部は、新たに約一〇〇名を受け入れるにあたり、説明会を実施することにした。説明会については次項で触れたい。

宅訪が始まり徐々に活動が定着しつつあった四月。二月に発表された「早期退職特別優遇措置」（募集期間：四月二十五日〜五月十五日）の募集が始まった。募集にあたっては個人面談も実施され、浮き足だって仕事が手に付かない扱者も出てくるかも知れないと心配したが、実際にはそれぞれが着々と宅訪を続けていた。お得意様営業部からは四〇名が応募。退職が決まってからもご自宅の状況など、宅訪を中心として前主の情報を収集し、『三枚シート』への記入を継続していった。この記録は、新扱者が一定の情報を踏まえた前主対応を可能にし、お客様へのストレスを極力小さくすることに役立った。

中元繁忙期を控えた六月一日。欠員補充のために店頭販売部門を中心に四〇名が転入。いずれも店頭販売部門で帳場前主を多数抱えるベテラン社員だった。このメンバーは帳場前主との関係性も深く、各売場におけるセールス業務で中心的な役割を果たしていた。この転入によって、お得意様営業部への口座移管は一気に進むことになった。その後、約一カ月程度で呉服・宝飾・美術という比較的帳場前主との関係性が深い部門を除き、店頭販売部門からの移管は概ね終えることが出来た。店頭に在籍する旧扱者も引き続き前主対応をしつつも、お得意様営業部に名目上の扱者を移すという「ダブル扱者制度」を掲げたことも奏功した。とは言え、旧扱者は店頭業務を担っており、専任で扱者を務めるお得意様営業部のメンバーの活動によって名実ともに新扱者との関係が深まっていくことになる。

さらに八月になると定期人事異動によって、新たに六〇名がお得意様営業部へ転入となり、営業は一八〇名体制となった。担当する帳場前主はこの時点で約七万口座にまで膨らんでいた。一人当たり約三〇〇件。一般的な百貨店個人外商部門では一人当たり一〇〇件程度が限界だが、お得意様営業の働き方ならばこの口座数でも対応できる。結果論ではあるが、段階的に前主の移管が進んだことで受け入れ体制を整えることが出来たことは幸いだった。

八月頃には、お得意様営業の基本的な枠組みが完成した。毎月の特招会を起点として、宅訪、電話アプローチの実施。ご来場に備えた売場情報の収集、特招会へのご来場時のご挨拶の励行、ご要望に応じたご案内。万が一ご来店時にご挨拶出来なかった時にはサンクスコールの徹底。ご挨拶出来た方へのサンクスレターの郵送、そして顧客接点で得た情報を『三枚シート』に記入する。特招会以外のイベントは、収集した情報を踏まえて半年前から計画的にアプローチしていく。これが基本的な働き方である。

## ⑭ お得意様営業部転入者説明会

一九九九（平成十一）年度には三月、六月、八月と三回に亘って転入者説明会を開催した。お得意様営業部としての基本形が確立したこの年度の説明会内容は、その意義を考える上で重要であり、切り分けて触れておく。

まず、三月を迎える前の三越本店の状況を見ておきたい。一九九八（平成十）年度の頃、三越本店は売上高の前年割れが続く。当時の店頭メンバーは三つの仕事を求められていた。「売場業務」「帳場扱者」「セールス」である。売場別売上管理制度によって、社員は担当商品以外の商品の販売（＝「セールス」）を求められ、それを評価する仕組みがあった。その結果、「売場業務」が疎かになるという弊害が広がっていた。そんな中で、担当売場の業務に専念する体制を整えるため、セールスマネジャー制度（以下、ＳＭ制）が導入されることになった。これは当時の伊勢丹の仕組みに倣ったものである。

もう一つが「帳場扱者」である。既に述べたように、売場のポテンシャル顧客に対して特定の扱者を付けることで生涯顧客としてのおもてなしを約束し、ご愛顧をお願いする仕組みになっている。帳場前主は外商顧客とは異なる。帳場前主は売場のお得意様。ご来店頂いているお得意様が主な対象である。とは言え、業績低迷による採用の抑制などから店頭社員数は急激に減少し、「帳場扱者」としての仕事までも手が回らず、顔の見えない前主が約四割にも上る状況にあった。売場在籍の「帳場扱者」が名実ともに機能していたのは、呉服・宝飾・婦人紳士オーダーの一部の売場だけ。つまり、帳場制度の運用も部門間や扱者間で大きなバラツキがあり、顧客戦略としては機能不全の状況に陥っていた。

帳場プロジェクトの一年間の活動を通して、帳場制度の課題と活性化に向けた要件は明らかになった。その成果を踏まえ、旧お得意様営業部二〇〇名の中で二〇名の帳場担当が、次年度には中核となっていくことが検討された。まずは、「新しいお得意様営業部とは何をする組織なのか？」が議論される。当初、改革に対して懐疑的であった部長から「お得意様営業部には改革が必要だ……」といった発言がたびたび聞かれるようになったのもこの時期である。

「お得意様営業部とは、永きに亘り三越本店をご愛顧頂ける〝お得意様〟を創造することを目的とし、お預かりしたすべての帳場前主との関係性を構築し、それぞれのご要望に応じたお役立ち（おもてなし）を通じて、来店促進・イベント動員を図る部門である」

これが一つの結論であった。この意図するところは四つ。

- ■お得意様とは、生涯に亘って三越をご愛顧頂ける顧客であること
- ■扱者の役割とは、特定の前主に片寄ることなく、分け隔てなく担当する全ての前主に対して関係性を築くこと
- ■扱者に求められる働き方とは、商品持参の訪問販売ではなく、お買い物を楽しんで頂けるよう店舗への来店を図ること
- ■売上高はあくまで、結果。扱者の役割はお客様のご要望をかなえること

私は、この〝お得意様営業部の使命〟を部内で繰り返し確認し、共有した。半期に一度は必ず部門方針説明会を開催し、全メンバーを集めて詳細を伝え、質疑を通して認識を徹底。帳場

プロジェクトの成果には経営からも注目が集まっていたことから、それを利用して広く浸透を図り、部門の認知度拡大を図っていった。なお、この〝使命〟は伊勢丹との経営統合まで変わらなかった。

一年間の試行錯誤を踏まえて、説明会資料をとりまとめることになったが、これがその後にお得意様営業の働き方の基礎になる。改めて文書化することで整理された点も多かった。実際の説明会では考え方を中心に説明した。

まずは、お得意様営業部の組織使命の一つである「来店促進」から説明。いわゆる「訪問販売」（≠外商）という商売は、既に顧客から支持されなくなっていた。お得意様営業部の目的は、特招会や各種イベント等に前主をお誘いし、ご来店頂くことにある。但し、ニーズがないのにお誘いをしてもダメだ。むしろ、しつこく勧誘すれば関係構築に支障を来す恐れすらある。だからこそ、前主の〝今〟を知る必要があり、その最も有効な手段が宅訪である。この点を中心に丁寧に時間を掛けて説明した。しかし、メンバーが詳細を理解出来たのは、その後に実施した個別面談の場だったと思う。考え方の説明に時間を掛けたため、実際の宅訪活動がスタートできたのは三月中旬頃だったと記憶している。

特筆すべきは八月の転入者説明会。この説明会は過去二回とは大きく異なった。三月と六月の転入者は主に店頭販売部門のメンバーが多かったが、八月は本社などの後方部門の部長クラスが多く含まれている。様々なレベルで経営に関わってきたメンバーも含まれており、質疑応答には約二時間を要した。その激論の中では、帳場制度の本質、人事・賃金制度との連携、人材育成の考え方等々、突っ込んだ議論になり、中身の濃いものになったと思う。

## ⑮ 評価制度

宅訪の徹底には評価が重要なポイントとなった。マネジメント出来るのは行動プロセスである。

扱者の評価は宅訪件数と顧客情報シートへの完全記入枚数とした。顧客情報シートは前主情報を記録して活用する重要なツールだが、宅訪なしでは記入できないため、宅訪をやった、やらない、のチェックシートでもあった。扱者は宅訪の目標件数を月単位、週単位で設定して、マネジャーが定点をチェック、進捗を管理する。

宅訪件数は自己申告が基本であり、納得できる評価とするためには正確な件数把握と公平な基準が前提となる。扱者配置はエリア制のため、目標件数が扱者ごとに大きく異なるケースもあり、部長も含めたマネジャーミーティングでの議論を踏まえ、エリア別指数を導入した。つまり、宅訪効率の良い二十三区は目標を高く、効率の低い都下、東京隣接三県は低くする。「ここまでやるか！」と思われるかも知れないが、宅訪がお得意様営業部の生命線だからこそ、である。

たかが宅訪、されど宅訪……扱者は実践を通じてその重要性を実感していくが、宅訪経験のない方に理解して頂くことは正直難しい。実際に経営から「何だ、宅訪か……」といった軽口を叩かれたのは一度や二度ではない。

宅訪に限らず、扱者としてやるべき仕事を組織として徹底する仕組みがある。そうした仕組みこそ、継続的な業績向上を図りつつ、短期的な売上確保にもつなげることが出来た最大の要因であった。

## ⑯アシスタントの活躍

宅訪を中心とした働き方を推進する上でもう一つ重要な役割を果たしてきたのが、アシスタントであった。現在ではパートタイマーが担っているが、当初はフルタイマーの社員であった。

アシスタントの仕事は多岐に亘る。まずは、扱者の行動記録のとりまとめ。扱者ごとの宅訪件数、架電本数、特招会来場顧客数、サンクスレター郵送数等は、評価に反映するために正確に把握する必要がある。次にマネジャー不在時の連絡事項の伝達。部門のミーティングは毎日のようにあり、その情報は全ての扱者に伝わるように丁寧に説明しなければならない。そして、扱者不在時の電話応対、来店時の呼び出しへの対応。扱者は宅訪していることが多く、帳場前主からの応対はアシスタントが代行することが多い。お客様からの伝言を承ったり、扱者に代わって商品の手配をしたり等、第二扱者としても重要な役割を果たしてきた。

宅訪は楽な仕事ではない。扱者によっては、いろんな理屈をつけて宅訪しないで済むように知恵を絞る。万が一宅訪に行かない扱者がいれば、愚直に宅訪に取り組む扱者のやる気を殺いでしまう恐れがある。「前主が来店するかも知れません……」など、宅訪に行かない理由は徹底的に排除する必要があった。その意味でも、アシスタントの能力がチームのパフォーマンスを大きく左右するといっても過言ではない。

## 17 ベテラン社員の活躍

お得意様営業部に配属されるメンバーの中心はベテラン社員である。様々な職場で経験を積んできた社員は、本当は素晴らしい能力を持っているのだが、会社として適切なポストを用意できないことから、その処遇に悩み、肩を叩く事例をよく耳にする。お得意様営業部のもう一つの使命は、こうしたベテラン社員の戦力化にあった。扱者は年齢的には五〇代が半数以上を占める。帳場前主との関係性深化とお役立ちを担う、こうした経験豊富なベテラン社員は貴重な戦力となっていた。帳場前主が扱者に期待することとは、商品のプロフェッショナルでも、優秀なセールスマンでもない。自分のこと、家族のことをよく理解し、良きアドバイザーとして「三越本店で楽しいひとときを過ごしたい」といった希望を叶えてくれる人材である。

ベテラン社員は三越のことをよく分かっており、社内の人材ネットワークもある。帳場前主からしても、そうした扱者に対しては安心感を抱いて頂ける。様々な部門との交渉においても、人材ネットワークを活用し、細やかな連携が可能になる。帳場前主をイベントにご招待するにしても、当該部門に知り合いがいるのといないのとでは、お役立ちのレベルに違いが出る。例えば、美術のイベント。扱者は事前の勉強会で得られた情報をもとに美術愛好家や美術に関心のありそうな前主にアプローチをする。その際、知り合いがいれば、前主来店の際にどのような会話をするのか、事前の摺り合わせをしておくことができる。そのイベントで商談が決まらなくても、次回のイベントにつながる話題をつくっておく。特に、高額な商品の販売には、売場社員との連携が重要になる。

苦情対応も同じだ。帳場前主からも日々様々な苦情を頂戴する。苦情対応は関係性深化のチャンスであり、真摯な対応をしなければ扱者失格である。苦情対応の基本は上長へ報告し、ラインを通じて解決策を探ることになるが、それでは時間が掛かる。扱者の初動としては（上長への報告を前提に）後方部門や各営業部の責任者の知り合いのネットワークを活かし、スピーディーな解決を図った。

お得意様営業部が三年目を迎える時には、あと二～三年で六〇歳を迎える扱者が三〇名程度在籍していた。その当時、本人が希望すれば六五歳まで継続して働けるが、六〇歳を超えると給与が一律で減額となる制度となっていた。しかし、それでは六〇歳を迎える前も含め、モチベーションの低下、結果としての前主対応への影響も懸念された。そのため、人事部や労働組合とも交渉し、六〇歳以上でも高いパフォーマンスを発揮した扱者には賞与で加算する仕組みを用意してもらった。こうした環境整備もあり、多くのベテラン扱者に高いモチベーションを維持したまま六五歳まで貴重な戦力として活躍して頂くことができた。処遇改善としてはささやかだったかも知れないが、誠意が伝わったものと思う。

お得意様営業部では部長職を六年間務めたが、ベテラン社員の強みを活かしたからこそ、短期間での業績向上を図ることができたと思う。

## ⑱ その後の特招会とホテル催事等

三年後の二〇〇一（平成十三）年には〝外商から来店促進型へ〟といったキャッチフレーズとともに特招会が様々な新聞や経済誌で取り上げられるようになった。また大手百貨店外商部の方がたびたび訪ねて来た。特招会の具体的な内容と特に「どうしたらこれだけのお客様に来店して頂けるのか？」についての質問が主だった。特招会については来場数や売上額も含め、包み隠さず説明した。またお客様来店の秘訣については「来店促進型の営業スタイルがポイントです」程度の説明に留めた。この部分はいくら丁寧に説明しても理解が得られないと諦めていた。百貨店業界全体として、購買高に応じた特典制度の導入が広がってきていたが、これはあくまでも不特定多数に対する施策であり、帳場前主のような特定少数顧客に対しては必ずしも有効ではないことの理解は広がっていない。これは今でも同じである。

特招会の成功によって、各営業部とのコラボ企画を年間スケジュールに落とし込み、帳場前主に情報提供できるようになった。特招会ごとに一〇～一五企画を別会場と元番（常設売場）の両面で展開する。いずれも帳場前主にしか享受できない特典を用意した。

お得意様営業部が関わる催事では会期終了後にすべての扱者から前主の声と自らの意見を収集し、資料として取り纏め、その後の企画に反映させていった。特記的な意見等は朝礼や部内ミーティングで、その都度共有した。継続的に動員が増えることで、こうしたコラボ企画は質・量ともに充実が図られ、ワールドウォッチフェアやマイセン展等、三越本店の名物催事にまで成長していく。

ラグジュアリーブランドや美術等のホテル催事も大きく変化していった。三越本店では従来から美術逸品会や千總展（呉服）、カルティエやティファニーの宝飾展等、ホテル催事を開催していた。但し、美術逸品会では、ホテルの広い会場を使用しても動員が少なく、売上も美術部の社員により会期前に大半が決定している等の実態があり、開催の可否が議論されるほどだった。当初、お得意様営業部は全く期待されていなかった。しかし、特招会の動員力を背景に、ほぼすべてのホテル催事に対して企画段階から参画し、要望が反映できるようになっていった。

お得意様営業部が企画段階から参画する場合、各営業部は売上、お得意様営業部は動員というように役割と責任を明確にした。こうした役割分担のもと、ホテル催事を「お役立ち」の機会と位置づけ、各営業部にはおもてなしを重視した接客販売会であることを求めていった。また「外商」による前売りは前主からの要望がない限り一切やらないことを参画の前提条件として求め、理解を得た。

お得意様営業が集中動員するイベントは六カ月前のスケジュール化を基本とする。扱者はそれぞれの催事に対してアプローチ対象前主の落とし込みを行う。具体的には趣味や嗜好に加えて、〇〇記念、誕生や入学、叙勲等の日頃のコミュニケーションから得られたヒント情報をもとにそれぞれの催事にご招待候補を決定する。前主との関係性が築けず、六カ月前にアプローチ対象前主が想定できない扱者は動員が厳しい。直前になって「お願いですから来て下さい」というレベルでは扱者失格。前主にもご迷惑をお掛けすることになる。

ご招待候補の前主への告知はなるべく早い段階で行わなければならない。旅行や仕事等の都合でご迷惑になるケースもあるからだ。詳細を踏まえたアプローチは、案内用の媒体ができる会期一カ月前から、原則として宅訪にて行う。

二〇〇一（平成十三）年には、すべてのホテル催事に対して目標を上回る動員ができるようになった。また催事特性に応じて、買上率、客単価もある程度想定できるようになった。

当然、各営業部から催事への参画要請が増えていった。毎月の特招会に加えて、月に三〜五本のホテル催事を厳選して集中動員を図る。ホテル催事以外にも各国の特産品を展開する大使館催事や特招会会期中の特別イベント等、多岐に亘る。

お得意様営業部が組織対応するイベントのうち、すべての扱者が関わり、見込み前主リストをもとにマネジャーが動員の進捗を管理し、会期当日は全員出勤で対応するものを「Ⅰ種催事」、扱者の裁量に基づき個別対応するものを「Ⅱ種催事」と位置付けた。対応レベルをもとに組織マネジメントを適正に行う体制を整えた。

特招会や各種催事（Ⅰ種、Ⅱ種）は、情報提供の視点で能動的に仕掛けていく「お役立ち」だが、一方で前主からの様々な問い合わせや要望、相談ごとにお応えするといった受動的なお役立ちも増えていった。

## ⑲ 生涯顧客としての帳場前主

### ①帳場前主の特性

帳場前主は三越本店を永年ご愛顧いただいている生涯顧客である。親子孫三世代に亘り三越をご利用頂く前主も多く、家族単位でのお買い物もその特徴と言える。

手元にある記録を見ると、二〇〇一（平成十三）年における口座数は約一一万件。二〇代から八〇代まで幅広い年齢層で構成されている。その約六割を占める六〇代、七〇代の前主の利用頻度が高く、年間買上額も他の年代よりも相対的に高い。特に一点単価が一千万円を超えるお買い物をされる前主はこの年代に集中している。この年代は高い購買力があり、ある程度自由時間が持てる年代だ。また人生の成功者として、企業や社会で現役として影響力を発揮されている方も少なくない。こうした前主の大半は四〇代に帳場会員になっている方も多い。子供の頃から両親と一緒に三越本店を利用した想い出があったり、おじい様も帳場前主であったりする。

また、約三割は四〇代、五〇代の前主。帳場会員に新規加入される年代であり、当初の買上額にはバラツキが見られるが、いずれの前主も数年先には大きな買い物をされる可能性を秘めている。

一方、八〇代の前主は五％程度である。中には、累計買上額が一億円を上回る前主もいらっしゃる。今では八〇代でもとてもお元気で、時々孫と一緒に三越本店を利用している姿を見かける。一般のお客様からは「私もあんなおばあちゃんになりたいわ」との声も聞かれた。また、ご家族や親戚にも利用を促したり、後輩に帳場会員を勧めて頂いたりと三越本店を応援していただける前主でもある。

このように三越本店は幅広い年代層の帳場前主からご愛顧いただいてきた百貨店である。残念なのは、その価値が分からない経営者を時々見かけることだ。短期的な買上額の多寡で帳場前主の評価をしたり、「帳場前主は高齢化している」といった発言があったりなど。帳場前主の年齢構成の推移を正確に把握している経営やスタッフは実は少ない。本会員の年齢構成の高度化は、新規顧客の獲得が進んでいないことでもあるが、こうした活動はお得意様営業部だけでなく、店舗全体で行わなければならないことだ。また、〝購入顧客〟と〝利用顧客〟の分離が進んでいる。つまり、商品を購入するのはおじいちゃんやおばあちゃんだが、それを利用するのは子や孫の世代であることが多い。だとすると、本会員の年齢構成の推移だけ見ても顧客の実態を正しく捉えていることにはならず、経営としての判断を誤る恐れがある。

帳場制度の本質に対する理解を欠く中で、効率を優先する施策を打ち出せば、当然のように顧客は離反するだろう。実態を正しく理解出来なければ、永い時間を掛けて醸成してきた三越の大事な顧客資産を毀損しかねないと危惧している。

## ②帳場口座数の推移

新お得意様営業部が立ち上がった一九九九（平成十一）年から二〇〇五（平成十七）年の七年間における帳場口座数、売上高、扱者数の推移からその特徴点について触れておきたい。最初の二年間の担当口座数は売場から移管された約八万口座。宅訪と特招会動員アプローチを中心に既存の帳場前主との関係性深化に取り組み、結果として約七〇億円（二三〇億円↓三〇〇億円）の増収を果たすことが出来た。

三年目の二〇〇一（平成十三）年三月には首都圏の他支店（新宿・銀座・池袋・横浜）からの約三万件が加わり合計一一万口座となった。既存前主に対する関係性深化の取り組みが進み、前主の意向がある程度把握できたことを踏まえ、過去数年間手を付けてこなかった帳場口座のセグメントを実施した。既存顧客に対する活動が一定のレベルにまで達しない中で新規口座の開設は封印していた。まずは、家族カードを持つご子息の分離独立を促し、帳場前主や売場からの紹介前主に対して新規口座の開設を認めた。またご利用実態のない「休眠口座」に対しては前主意向を確認の上で解約の手続きをとった。他支店からの移管口座に関しては、前主からの要請もあり相当数を解約した。いずれにしても帳場口座は、三越側から前主にお願いして開設していただいた経緯があり、取り消しは慎重に行った。結果として約二万五〇〇〇口座が解約となり、一方でほぼ同数の口座開設があって約一一万件の帳場口座数は大きく変化していない。

### ③コミュニケーションセンターの設置

二〇〇二（平成十四）年三月、コミュニケーションセンター（以下、Ｃセンター）を新設した。Ｃセンターは、積極的な関係性深化の活動を現時点では望んでいない前主に対して、扱者に代わって特招会などの最低限の情報発信をしていくための組織である。

前主の不理解を招かないよう、扱者の名刺にはＣセンターのメンバー名を記載し、連携して前主対応を行うことを明確にした。その結果、扱者が専ら担当する帳場口座数は約二〇〇件から二五〇件程度となった。お得意様営業部の基本的な活動を効果的に実践する上では、この規模が適正だと考える。Ｃセンターの設置により、前主の違和感を最小限に抑えた上で、扱者が担当できる前主数を柔軟的に調整できるようになった。

二〇〇二（平成十四）年以降は年間に約四〇〇〇口座から五〇〇〇口座が前主都合で解約となる一方、ご子息の分離独立、帳場前主や売場からの紹介による新規口座がほぼ同数開設されている。帳場前主の高齢化を危惧する声もあったが、関係性深化の活動を丁寧に継続することで、自ずと前主の世代交代や友人知人の紹介など、口座数は維持されていた。

お得意様営業部の前主対応の基本はチーム制である。扱者を基本に、不在時の対応としてアシスタント、マネジャーそして情報発信を担うＣセンタースタッフ、ご来場の際にお立ち寄り頂くサロンのスタッフなど。だからこそ四〇〇件を超す前主を担当しても一定レベルの活動が継続でき、扱者変更もスムースに出来たと言える。

顧客セグメントがスタートして五年間で約五万件の帳場前主が入れ替わったが、口座数自体は一一万件前後で推移した。口座売上高は二〇〇一（平成十三）年から毎年増収を重ね、五年間で約一六〇億円（三〇〇億円→四六〇億円）を拡大した。

## 20 店経営のリーダーシップ

新・お得意様営業部が発足した一九九九（平成十一）年は、一九九七（平成九）年の消費税増税の影響もあり、個人消費は相変わらず冷え込んだままであった。ゴルフ場開発問題もあり、財務でも大きな傷を負ってしまった三越は早期退職を募集し、人件費の圧縮を図らざるを得ない状況に追い込まれていた。そんな中で本店長に就任したのが平出昭二氏である。お得意様営業部はこれから四年間で一つの完成形を築くことになるが、平出本店長のリーダーシップなくして実現はなし得なかった。平出本店長は、業績回復が最重要課題となる中で、一九九九（平成十一）年度を〝インフラ整備元年〟と位置づけ、様々な改革を断行していった。特に帳場制度に対しては、五年前の本店次長時代より「制度疲労を来している」との認識を持っていたこともあり、お得意様営業部の活動に関心を持ち、現場の意見にも真摯に耳を傾けていた。

平出本店長の貢献は多岐に亘るが、主な三つだけ触れたい。

## ①モチベーション向上

当時の三越は業績低迷が続く中で社員の気持ちも萎縮していた。平出氏は本店長に就任早々、〝ニコニコ、キビキビ、ガンガン〟というスローガンを掲げ、時間を見つけては店内を巡回し、販売員にも気さくに声を掛け、現場のムードを盛り上げることに注力された。現場のメンバーからも〝親しみを持てる本店長〟というイメージが定着していった。

また、イベントの開催時には会場に出向き、ご来場頂いたお客様に対して御礼を申し上げるとともに積極的にコミュニケーションをとっていた。年末には自ら志願して特別なお客様に対し、ご自宅へご挨拶回りを実施。扱者や販売員からの「大切なお客様なので挨拶をして頂けますか？」との要請には喜んで挨拶をした。店経営トップのこうした言動は、三越本店に働く全ての従業員の意識をお客様に向けることにつながり、顧客との関係深化を目指す扱者にとって、心強いサポートとなった。三越本店をよく利用される前主はよく店長の動きを観察している。私も多くのお客様から「今度の本店長は一生懸命だね」など、多くの好意的な意見を頂戴した。

店長は顧客戦略を推進する上で最大のキーパーソンであることを改めて実感した。店長にも様々なタイプがいるが、普段から前主に全く関心なく、超ＶＩＰ前主にすら挨拶の一つも出来ない、しようともしない店長には顧客戦略を語る資格はないということだ。これは社長でも同じこと。顧客に関心を持たない百貨店経営者など、経営を語る資格はない。

## ②方針の明確化と推進

最も大切な目的の一つは、顧客にとって〝わざわざ来店する〟店舗になることである。そのための価値を磨き上げるとともに、その提供価値を知らしめるため来店促進が重要であることに平出本店長は気づいていた。だからこそ、「前主はお得意様営業が呼んでくれるから、売場はしっかりと接客して下さい」と発信し続けた。体制が整っていない段階でのこうした発信は私にはプレッシャーにも感じたが、部門としての位置づけが明確になり、帳場制度を中心とした三越本店の顧客戦略を推進する上で明確な指針となった。一般的には、お得意様営業部と言えば「外商部」と間違われることが多い。スーパーブランドの営業担当者のみならず、店頭部門の社員からも「この商品を売ってきて下さい！」と依頼されることがあった。しかし、お得意様営業部は来店促進を使命とする部門であることが明確になったことで、売場販売員から誤った期待を持たれず、営業部との連携も不理解なく進んでいった。

その象徴的な施策が特招会である。営業部は帳場前主を意識した企画を立案し、扱者はそうした企画を案内しながら、来場促進のアプローチを行う。平出本店長は、お得意様営業部には来場確約数を適宜確認し、各営業部には経費手当も含め、厳しく進捗を確認していた。会期中は、「営業時間中の会議は禁止！」を指示し、店内を巡回しながら施策の実践状況を把握して、各営業部の部長にはその都度指示を出していた。もちろん、扱者から前主への挨拶を求められれば、その都度気軽に応じた。また、会期終了後には「前主の声」をまとめた資料に自ら目を通し、それぞれの部署へ具体的な指示を出し……。こうした活動を毎月繰り返し実践されていた。

③意識改革

そして、二〇〇一（平成十三）年一月の年頭挨拶にて平出本店長は「お客様第一主義を実現するためには〝売場〟でも、〝お買い場〟でもありません。ご来店頂いたお客様に楽しいひとときをお過ごし頂く場・店舗でなければなりません」と〝お過ごし場宣言〟を掲げ、全従業員に発信した。

「〝お過ごし場〟の完成とは、店舗を（改装して）綺麗にするだけではなく、来店された全ての前主に分け隔てのない接客や応対などの人的サービスが完璧にできるようになった状態のことである。そして、前主にわざわざご来店頂くことが最も重要であり、それはお得意様営業だけの仕事ではない。お得意様営業任せにするのではなく、売場の皆さんも一緒になって前主をお呼びするように！」と、部長会議だけでなく、全従業員を集めた朝礼など、機会あるごとに発信し続けた。顔の見えていない顧客にお声掛けすることは相当な抵抗がある。お得意様営業部の扱者はそれを乗り越えて実践を重ねてきた。だからこそ帳場前主には売場からもアプローチがしやすくなった。動員の難しさとお得意様営業部の存在意義を売場が認識することで連携が深まる。

〝お過ごし場〟という空間に向けた来店促進活動が特招会という特別な日だけでなく、日常的に実現できるようになっていった。

〝お客様第一〟を掲げる百貨店経営者は多い。しかし、自らのこととして実践できる人材がどれだけいるだろうか。お客様を知らないで〝第一〟と言っても、本当の意味で〝お客様第一〟の施策が出来るはずがない。平出本店長の功績とは、こうした活動を日々〝深化・進化・新化〟させていったことにある。

この四年間の業績推移が全てを物語っている。

この成果は平出本店長がリーダーシップを発揮し、顧客戦略を推進してきたことの賜物である。この時点で、帳場前主と拔者は普通に雑談ができるまでの関係性構築が進み、プロジェクトが立ち上がった時の課題（顔の見えない前主の存在）は完全に解消していた。加えて前主にストレスを与えることなく引き継ぎできる仕組みや帳場口座の新陳代謝を適正に行う方法も確立し、三越本店をご愛顧頂ける〝お得意様〟を確保・育成・維持していくこと。そして、「関係性深化」と「お役立ち」を通じて三越本店へ動員を図ること。この二つのミッションを確実に遂行していくための仕事の仕組み、人材育成の仕組みもほぼ出来上がった。

顧客戦略は店舗全体で推進してこそ成果を生み出す。その意味でも店長の舵取りが極めて重要であることは間違いない。逆に言えば、店長が顧客戦略の重要性を理解していない、または理解できない場合には、顧客戦略は実践できない。

伊勢丹新宿本店は、諸先輩たちの努力によりマーチャンダイジング主導で大きな成功を果たした店舗である。しかし、百貨店業界の中では極めて特殊な店舗だ。ネット通販やファッションビルなど、購買チャネルが多様化する中で、百貨店として生き残っていくとすれば、顧客戦略を中心とした戦略を描いていくしかない。

お得意様営業部のように人手と時間を掛けてお客様を〝お得意様〟にしていく部門は、効率が悪く見える。店舗の業績が低迷する中で、お得意様営業部のような顧客戦略を担う部門の社員数を絞り込む動きもある。確かに、人件費削減は即効性のある施策である。しかし、その効果は長くは続かない。人手を減らせば当然のようにおもてなしの精度は下がり、売上高は徐々に減少していく。確立した信頼関係は容易には崩れないかもしれないが、顧客期待を下回る経験が二度、三度と続けば、前主は黙って離反する。

帳場プロジェクトが立ち上がってから平出昭二氏が本店長として指揮を振るった四年間で、三越本店のお得意様営業部の基盤は整った。人手を掛けて一軒ずつ自宅をまわり、毎月の電話アプローチ……と積み重ねた結果として顧客との関係性は築き上げられた。こうした活動は短期的にも成果をもたらしたが、将来に対する投資であった。お得意様営業部の主目的は販売ではなかった。結果として大きく売上高を伸ばしたが、生涯顧客を育成することを目指して、活動してきた。

短期的な効率視点から、顧客を絞り込み、従業員を削減する。その結果売上高が減少し……。百貨店の衰退とはこの縮小均衡を繰り返してきた結果なのではないか。今一度、リアル店舗としての〝強み〟を理解し、長期的な〝効果〟を狙った戦略を組み立てるべき時だと、三越本店の前に立つとつくづくと思う。

# 第３章　お過ごし場革命〜平出昭二本店長の記録〜　〈平出昭二〉

平出昭二氏は、一九九九（平成十一）年三月〜二〇〇三（平成十五）年二月末まで本店長として様々な改革を推進し、三越本店の業績向上に大きな貢献を果たした。平出氏はこの四年間の出来事を自らの想いも含め克明に記録していた。この記録は百貨店の生き残りを考える上で貴重な教訓を多く含んでいる。以下にそのほぼ全文を記載したい。

※1〜5は、日本百貨店協会の会報誌のコラム『悪声熟語』向けに書いた原稿を加筆修正したものである。

## 1 一九九九（平成十一）年　本店長一年目〜〝四大革命〟〜

### ①四大革命

一九九三（平成五）年三月一日　仙台店長から「商品本部長付」の降格辞令を受け、失意、そして苦節の六年間を経て一九九九（平成十一）年三月一日　本店長を拝命した。

その六年間での辞令を記すと、

一九九三（平成五）年三月一日　商品本部長付（六カ月間）
一九九三（平成五）年九月一日　本店次長（二年半）
一九九六（平成八）年三月一日　商品本部次長（二年間）
一九九八（平成十）年　常務取締役営業本部副本部長（一年間）
一九九九（平成十一）年　常務取締役本店長（四年間）

仙台店長を拝命した時は仙台店の増床開店を成功させ、次は「本店長」と思っていたので時間的には六年間も過ごしてしまったが、その間「反骨炎魂」の精神で勉強が出来、大変化・大難局時での対応力が身につき、自信満々でかつ「いよいよ出番」の熱い気持ちで本店長の辞令を拝命した。

私としては、六年間の中期ヴィジョンを立て、年度別にその施策を計算し、立案・実行した積もりであるが、我ながら「大きな志、小さな実行（の積み重ね）」で仕事をしたと自惚れている次第である。

本店長としての四年間のスローガンを抜粋すると――

一九九九（平成十一）年　インフラ整備の年〈四大革命〉意識・販売・顧客・人事革命

二〇〇〇（平成十二）年　営業力強化の年　〈乗風破浪《じょうふうはろう》〉文化・教養・娯楽の殿堂
二〇〇一（平成十三）年　第二期中長期経営計画スタートの年　〈疾風怒濤〉チェンジ・パワー・スピードの発揮
二〇〇二（平成十四）年　本店復活元年　〈商魂営才〉新・新館プロジェクト発足

今回は一九九九（平成十一）年度本店長としての初年度について記していく。これらのスローガンは、その後の百貨店協会の専務理事となってからも継承して提唱した。

〈マネジャー心得三か条〉

①プレイングマネジャーたれ　ロアリングライオン
■現場での指揮・指導、率先垂範、売場在籍時は常に接客
②商魂営才　一〇〇年前　日比翁助、「士魂商才」
■商人の魂をもって、営業に才たけること
③強い危機感・使命感・連帯感を持つこと
■今後二〜三年は良くならない。座しては死を待つのみ
■本店イコール三越という使命感、責任感、自信を持つこと

■連帯感　お客様との連帯――顧客の囲い込み　お客様との、お取引先様との、売場内の、売場と後方の壁を取り除くこと（三越内ネットワーク）

〈SPM（ショップマスター）働き方五原則〉※SPMは売場の最小単位のリーダー

①集客は自分でやる＝顧客作り
顧客を増やすことがポイント
②品揃え――品切れは絶対無くす
在庫マネジメントの徹底
CS（Customer Satisfaction－編集者註）メモで顧客のウォンツを吸い上げる
③積極販売――自分たちで売る
販売力をつける。接客力を高める
↓トータルセール・プラスワンセール・勉強する
④月二回の大山企画の実行
⑤常に意識はSEE-THINK-PLAN-DO
B'表（一三週の販売計画表－編集者註）が全ての基本。B'表が全てのツール
仮説－実証－検証の愚直な繰り返し

私は就任してまず役付者（マネジャー以上の役職者―編集者註）と五つの約束をした。

> (1)「今の本店は二流である」という認識を共有しよう。これは全員で「危機感・使命感・連帯感」を共有することである。
> (2) 営業時間中、会議はやめよう。全員・売場に張り付いて接客しよう。
> (3) 開店前の「お出迎え」は全員で励行しよう。
> (4) 店長との「ダイレクト・ミーティング」に参加しよう。
> (5) 現場・お客様が全て。後方部門はそれを支援・共働しよう。

一つずつその内容について詳細に話したい。

(1) 本店二流論

当時はバブル崩壊、そして金融システム不安「不況」が長引き、小売業、特に百貨店は一九九二（平成四）年以降、一九九六（平成八）年は消費税増税前の駆け込み需要でプラスであったが、それを除いた実質は七年連続年間売上高マイナス、「百貨店、平成の第二次危機」

の状況で、アナリストは面白おかしく「勝ち組・負け組」の線引きを報道していた。三越は「負け組」転落寸前であった。本店の圧倒的強さなくしては「負け組」転落は自明の理であった。

そこで本店長の拝命である。何としても売上減は避けねばならない。それにはリーダーが明確な志・ヴィジョンを持ち、肩書きを取っ払って顧客目線に徹するしかないと思った。これは六年間の失意、苦節の中で学んだことである。

「三越本店は一流老舗店で、そこで働く社員も一流などと自惚れているから、改革、革新のパワーが生まれないのだ!!　全員が二流と認識すれば、どうしたら一流になれるかというパワーが生まれるはずである。例えると今の本店は戦艦大和である。魚雷を数百発撃ち込まれ徐々にぐるぐる回りながら沈んでいるのに、指揮官は艦橋で前の海原を見て直進していると錯覚しているのである。私は甲板に降り、状況をよく見定め、皆と一緒になって指示、行動するので復活を信じて付いて来い!!」と檄を飛ばした。

トップ、ミドル、ボトム、パートナー（派遣社員―編集者註）全員の〝危機感〟〝使命感〟〝連帯感〟の共有が最大のポイントであった。

### (2) 営業時間中に会議はやらない

〝顧客本位〟〝現場本位〟とお題目のように言っている店に限って四六時中、開店中に会議をやっていることを私は知っていた。その結果、店頭に社員が一人もいないという現実である。これを正すには私が（行動で—編集者註）示すしかないと思い「店長主催の会議は開店前か閉店後に行う。開店中にはやらない」と宣言した。(4)で述べるが、〝ダイレクト・ミーティング〟は開店前の一時間以内で、役付者全員への指示、通達はメールで行った。〝商人の原点〟は店頭で接客し、お客様の生のニーズ・ウォンツを収集し、それを自ら型として店頭で反映させることである。

これを阻害する要因を排除することがリーダーの責務であるからである。

## (3)　開店前に全員で「お出迎え」

開店前、店長が社員とともにお客様をお出迎えすることなど当たり前のことである。しかし、三越本店ではどういう訳か、歴代本店長のお出迎えはＶＩＰ来店時以外には無かった。「お客様が全て」を具体的に実証するには、その店のリーダーが範を垂れずして、出来るはずがない。本店長がそこまでする必要がないという一種の驕りがあったのであろう。

私は着任初日よりライオン口に立ち、お客様のお出迎えをした。これにより「今度の本店長は本気だな!!」と全社員に認識させたのである。

## ⑷ 店長との「ダイレクト・ミーティング」に参加しよう

従前は店長が「一」と言えば、副官がそれを十倍にし、現場の長は更にそれを十倍にし、末端（現場）では一〇〇となり、指示・命令が徹底されていた。しかし、今では、社員の減少、休日休暇の増加、企業への帰属意識の希薄化等の原因でその徹底度が低下しつつあった。トップが「一」を指示しても、副官で一〇分の一、さらに現場では一〇〇分の一となっているのが実情であった。この現状を打破すべく、末端で一〇〇分の一になってしまうのであれば、同じことを一〇〇倍「言う」「やろう」と決意したのである。私が考えていること、やってもらいたいことを一〇〇倍努力して伝えればよいのである。

具体的には、

○M・M・M（マネジャー・モーニング・ミーティング）

土日を除き、現場に出向き、私の考えていること、やってもらいたいこと、その売場の課題抽出・解決策を、パートナー（派遣社員）を含め討議した。一年間で二十三回実施し、〝本店長の朝の辻説法〟と呼ばれた。

○D・M・M（ディビジョンマネジャー・モーニング・ミーティング）

M・M・Mが一巡した後、今度は副部長（ディビジョンマネジャー）を対象に経営レベルの課題について討議した。実に三十一回実施され、これが次年度の〝営業革命〟のベースとなった。
○店命・店礼
店命（店長命令）・店礼（店長のお礼）は社内メールを使い、週次で全役付者に発信した。

四年間で店命は七三号、店礼は三五号となった。
○四半期ごとの業績報告（於：本館六階三越劇場）
三越本店の正しい状況を全員に認識してもらおうとの趣旨で、三カ月ごとに三越劇場にて報告会を開催した。社員・パートナー（派遣社員）の有志を対象に朝八時半から開催したが、会場は約五〇〇人で満席のため、同じ内容で四、五回開催した。

この報告会でのエピソードを一つ記しておきたい。この報告会は四半期への施策を私がパワーポイントを使い、説明していた。二、三回実施して気になった点があった。それはパートナーの皆さんが真剣にメモを取っているのに、社員は腕組みをして中には居眠りをしている者がいたということである。二、三回は私も我慢したが、四回目に雷を落とした。

「この会社は堕落しきっている。普通の会社はトップの訓示を聞いている時、パートナーが腕組みをし、社員は全員メモを取っている。しかし、今の三越本店はどうか!!　パートナーさんは全員メモを取り、真剣に私の話を聞いてくれている。全く逆である。社員は猛省せよ!!」

次回から全員がメモを取るようになったことは言うまでもない。

## ⑸ 現場・お客様が全て。後方部門はそれを支援・共働しよう ※〝協働〟でなく〝共働〟である

「現場・お客様が全て」こんな当たり前のことでさえ、実行は簡単なようで実は難しい。まず、リーダーが本気で範を垂れねばならない。次に役付者、特に後方部門のミドルは現場より自分たちの方が格上という悪いプライドがあり、売るのは現場、それを管理・指導するのが自分たちという縦割り意識があった。高度成長期、あるいはエクセレント・カンパニーであればこのような役割分担でも機能するが、不況下まして人員減少下での小売業、特に百貨店での「商(仕入れ)・販(販売)・管(管理)」の不一致は命取りになることが予測された。

そこで私は〝営業革命〟を掲げ、種々のプロジェクトを発足させ、販売促進、店頭、後方部門のスタッフによる三位一体型組織とした。趣旨はお客様・企業のためになることを三位一体で議論し、その具体策を立案・実行し、スピードをもって成果を出すことであった。いわゆるSEE-THINK-PLAN-DOを全員で愚直に実行することである。支援するという受け身の行動ではなく、全員が同じ目標の下、共働して成果を出すことである。

では本題に入る。一九九九(平成十一)年度はインフラ整備の年と位置づけ、〝四大革命〟の断行を掲げた。意識・販売・顧客・人事の四面で大革命を行うのである。〝改革〟でなく〝革命〟としたのは、三越本店に残された時間はなく、早急に成果を出すことが喫緊の課題であったからである。〝改革〟ではすぐ四、五年も経ってしまう。一夜にして悪い体制・組織・働

き方を変える。その方針に逆らう者、柱の陰で見ている者は排除する――〝革命〟である。

〝四大革命〟を説明する。

⑴　意識革命

冒頭、説明したので大筋はご理解頂けると思うが、ショック療法で洗脳しようと考えた。年間の大スローガンを更にブレイクダウンし、全員の脳裏に焼き付けるべく、簡単なスローガンも用意した。

〝ニコニコ　キビキビ　ガンガン〟　※ニコニコ接客、キビキビ行動、ガンガン売上向上。

〝金銭授受係は本店では不要、全員接客、情報発信人たれ!!〟　※これは後に百貨店協会で提唱した〝ライフソルバー〟（「百貨店に求められる人材とは生活の中でのあらゆる課題を解決する人である」との考え方―編集者註）につながる。

〝ワクワク　ドキドキ〟※ワクワクする店舗、キラキラそこで輝く人。

⑵　販売革命

先輩が構築してくれた三越本店特有の武器が時代の変化と共に制度疲労を起こしてきたのがこの時期であった。帳場制度、売場別売上管理制度、全店販売（社員全員での販売キャンペーン―編集者註）、店外催事（↑〝四大武器〟）である。確かに高度成長期、五〇歳前後の販売のプロが多く在籍していた時は前述の武器を最大限に活用し、他店が真似ることの出来ない圧倒的な強さを誇っていた。

しかし、ライフスタイルの変化、顧客の高齢化、プロ社員の定年退職等により、その神通力は薄れつつあり、逆にこの武器が〝元番（常設売場─編集者註）の活性化〟の最大の阻害要因となりつつあった。労働組合よりこの点を数年来指摘され続けていたが、これらを廃止すると総売上高の半分に影響する事態となり、経営としては判断できない状況であった。しかし、先輩が残してくれた四つの武器はバラバラなものでなく、相互補完関係があり、総合的に改革策を講じる必要があった。この四つの武器の共通性は個人の高い販売力に依存した施策であり、一人三役、四役を期待するものであった。豊富な人財力を有していた時代では大きな成果をあげることができたが、絶対的な人数が減少しつつある時には一人当たりの負担が過重になり、店頭に社員が立てなくなる。その結果、品揃えやサービス面が劣化し、顧客満足以前の状況に陥っていた。店頭は荒れに荒れていた。私は決断した。売上減を心配するのではなく、顧客本位、従業員満足を優先し、制度疲労した〝四大武器〟の抜本改革を断行することにした。その具体策は次のとおり。

### (3) 顧客革命

帳場前主は、（お客様と扱者の）一対一の個人対応から新設のお得意様営業部での組織対応に変更した。当初は数多くのお客様からお叱りも受けたが、その趣旨をご説明することでご理解を頂くことができた。お得意様営業部は店頭の男女ベテラン社員一五〇名の構成として私は部員にその意義を次のように説明した。

■一人当たり約二〇〇名の帳場前主を担当することになるが地区別担当となっているので、従前よりキメ細かなアプローチをして欲しい。

■「帳場前主は高齢化している」と言われるが、それをマイナスに思考してはならない。〃生涯顧客（ライフタイム・カスタマー）〃と認識せよ。諸君は単なる帳場扱者ではない!! お客様の〃ライフタイム・アドバイザー〃たれ。同時に次世代（お客様のご子息・ご令嬢世代）顧客の開拓に挑戦せよ。

■この部が設立され、（店頭の男性を中心とした多くのベテラン社員がお得意様営業部へ異動したことで－編集者註）店頭社員の男女比が初めて逆転した。男性の構成比は五二％から四九％へと引き下げられた。これによって店頭は活性化すると同時に、諸君は新任地でベテラン社員として活躍できる。

顧客革命のもう一つの柱が三越カード（ハウスカード）の拡大である。当時約五〇万口座であったものを三年で一〇〇万口座にするキャンペーンを行った。その結果、一九九九（平成十一）年度で帳場売上高四三〇億円（前年比＋一七％）、三越カード売上高四二〇億円（前年比＋九％）、カード売上高合計八五〇億円（＋一三％）と実に一〇〇億円の売り増しを達成した。これは店頭売上の約四〇％のシェアを占める。

## ⑷　人事革命

着任時より私の頭から離れない悩みは一一五一名に及ぶ第一回希望退職（早期退職特別優遇措置－編集者註）である。本店長に専念するとは言っても常務取締役である。「経営として苦渋の決断――三越が生き残るため」と言ってしまえば簡単ではあるが、私はその後の修羅場が見えていただけに苦悩する日々を過ごした。

一九九九（平成十一）年五月二十七日に三越本店の希望退職応募者のうち役付者八六名に辞令を交付したが、その時に訓辞した内容は一生忘れることができない。

「諸君は三越のことは心配しないで、自分の人生のことだけを考えて幸せになって欲しい。三越は私が建て直すから!!」

しかし、その後、二〇〇四（平成十六）年に第二次希望退職で一〇〇〇名、第三次として一六〇〇名と連鎖していくとは……。

退職した方々には申し訳ないが、私はこれを契機に三越本店の永年の課題――元売場の運営、働き方、モチベーションの活性化を断行しようと決意した。

■店頭男女比の逆転

店頭からベテラン男性社員をお得意様営業、ギフト営業、催事担当へ配置転換することにより、店頭の男女比が伊勢丹（男女比三〇：七〇）並みとはいかなくても男性四九：女性五一となり、店頭は中堅男性社員と女性社員で運営する体制とした。

■女性社員活躍の場の構築

〝女性社員の積極的登用〟は目標としては毎年計画され、挑戦されてきたが、実効がほとんどないのが実情であった。そこで私は思い切って女性ショップ店長、女性社員だけの自主編集売場を作った。売場の最小単位のリーダーを「ショップマスター」と位置づける制度を一九九九（平成十一）年九月一日よりスタートさせた。まずは女性だけ六〇名を任命し、翌年の九月一日には若手男性社員を加え、二〇〇名体制とした。全員意気に感じて、全力投球で取り組んでくれた。二〇〇名のショップマスターの担当した売場の売上高は、全店頭売上高の約六割をカバーした。この六割カバーというのは大変大事なことで、私が二〇〇名一人ひとりとコンタクトすることによって日々の全店売上の内容が瞬時に把握可能となり、ＩＴ・デジタル化による単品管理以上の効果があった。これ以来、私は売場運営のポイントをデジタル（ＩＴ）とアナログ（ショップマスター）の併用と提唱しているのである。

（中略）

私は日記で一月一日には「一年間の抱負」、十二月三十一日には「一年間の総括」を必ず記しているが、十二月三十一日には次のように残していた。

「まさに激動の一九九九年であった。自分が動く、家族も動く、会社も動く、日本も激しく動いた一年間であった。具体的には、私の本店長就任、孫の誕生、妻の子宮ガンの疑い、一一五一人の希望退職、十月には三十六カ月ぶりの査定達成等。二〇〇〇年は夢と希望に満ちた年としたい。

平成十一年十二月三十一日」

## ②二〇〇〇（平成十二）年　本店長二年目〜〝乗風破浪〟〜

一九九九（平成十一）年度は、本店長就任時の宣言「三年間で三越本店を復権、復活させる!!」のスタート年度。インフラ整備――しっかりと売る体制をつくる――のための〝四大革命〟を断行した。結果としては、まずまずの感触を得て二〇〇〇（平成十二）年を迎えた。

二〇〇〇（平成十二）年の大方針は、〝四大革命〟で新たに築いたインフラをベースに第五の〝革命〟、即ち〝営業革命〟に取り掛かる年とした。まず、三越本店としてのスローガンを、香港三越支配人時代に学んだ〝乗風破浪〟とした。他力本願せず、自ら風を起こして、その風に乗り、荒波を打ち砕いて前進することを意味している。業績の不振は不景気でも、過当競争でも、オーバーストアでもなく、我々の勉強不足、努力不足、情熱不足のせいなのである。

また、当年は二〇世紀最後の年でもあり、二一世紀を迎えるには「二〇世紀のモノサシと二一世紀のモノサシ」の違いを共通認識とし、〝モノからココロへ〟の意識変化に対応することが最重要ポイントであった。モノだけを売ろう、売ろうとするから、モノが売れないのである。三越本店は物販も大切であるが、その前に世界一の〝文化・教養・娯楽の殿堂〟であるべきだ。その情報発信が重要である。

当時、大手百貨店のトップは「百貨店は都市生活者のインフラであるから、今の低迷は乗り切れる」と主張していた。確かにその通りではあるが、その〝インフラ〟が激変していたのである。従前のインフラとは、婦人服を中心としたファッショングッズとデパ地下の食品等、モノ中心であったが、この数年でインフラは文化、教養、娯楽へと変わりつつあったのである。二〇世紀は〝モノの豊かさ〟だったが、二一世紀は〝ココロの豊かさ〟を志向するライフスタイルへと激変することが予測された。この二つの大潮流に対応するため、二〇〇〇（平成十二）年度の具体的営業施策として、

⑴　一〇の両輪駆動作戦

⑵　仕事の仕方のスタンダード化

を推進した。詳細は後述する。

二〇〇〇（平成十二）年度の店方針を全員に理解してもらうために行った二回の全店朝礼での訓辞を残しておきたい。

**●一月五日年頭・全店朝礼訓辞（本館一階中央ホール）**

皆さん、明けましておめでとうございます。わずか二日間の休みでしたが、ご家族揃って二〇〇〇年という記念すべき年のお正月を迎えられたことと心よりお慶び申し上げます。

本年も三日、四日と皆様のご奮闘で目標を達成し、幸先の良いスタートを切ることができました。

昨年一九九九（平成十一）年は、まさに激動の一年でした。〝ゲキドウ〟には三つの意味があったと思います。

一つは、激しく動いた〝激動〟――世界が、日本が、三越が激しく動いた一年でした。

二つ目は、劇的に動いた〝劇動〟――我々の意識が、仕事の仕方が、劇的に動き、変わった一年でした。

三つ目は、私の檄に応じて動いてくれた〝檄動〟――社員・パートナー（派遣社員）全員がベクトルを一つにして動いてくれた一年でした。

この三つの〝ゲキドウ〟の成果が、十二月の売上高で「華開いた」と私は確信しております。

さて、本年二〇〇〇（平成十二）年ですが、元日、そして三日の『読売新聞』をご覧になったと思いますが、「もっと素敵にこの千年　三越本店は新しく動き始めました」というメッセージを掲載しました。

九十五年前、一九〇五（明治三十八）年一月二日に「デパートメントストア宣言」を、我々の先輩が掲げています。本年のメッセージは「新・デパートメントストア宣言」であると認識して下さい。「もっと素敵にこの千年」は過去・現在・未来と〝商人としての三越人〟が持ち続ける哲学ですが、これをベースとした三越本店の本年の大目標は、〝乗風破浪の精神で、本店を文化・教養・娯楽の殿堂として築き上げ、高質百貨店（オーセンティック・デパートメントストア）としての地位を盤石とする‼〟であります。これを実現するため、本年は四大革命の集大成として、いよいよ〝営業革命〟に着手します。「顧客・商品・販売・働き方」についてさらなる顧客第一主義に則り、悪しき制度は廃し、新しい視点でスピードをもって実行し、成果を出します。具体的内容は来月、三越劇場で皆様全員にお話しします。

最後に本年が三越にとって重要な年であり、それを実現するには基幹店である我々の活躍が全て‼　ということを認識して、頑張りましょう‼

●二月十五日及び三月六日「平成十二年度の方針」発表会（本館六階三越劇場）

一九九九（平成十一）年度の本店は二つの大きな課題がありました。

一つは、がむしゃらに増収・増益を達成すること。もう一つは、制度疲労した組織、商売の仕方を抜本的に見直すことです。

この課題解決のため、我々は意識・販売・顧客・人事の四大革命を断行しました。この成果を私なりに採点すると六五点です。元売場活性化のインフラ整備は出来ました。本年は残り三五点を完成させると同時に、第五の革命〝営業革命〟を断行します。具体的には、

さらなる増収・増益の実現

本店を〝文化・教養・娯楽の殿堂〟として築き上げ、高質百貨店としての地位を盤石とすること

以上を最大目標に邁進するつもりです。

よって二〇〇〇（平成十二）年度の本店の目標は、第五の革命〝営業革命〟と致しました。

では、〝営業革命〟で何をするのかということですが——。

今日の日本のマーケット、顧客志向を分析しますと、

(1)　市場の二極化——良いモノ（プレステージ）、安いモノ（低価格）が人気で中（ボリューム）抜け状態です
(2)　ハイ&ローの時代——ラグジュアリーとカジュアル志向
(3)　モノとココロ（コト）の二面性——片側あるいは一面だけを見て行動しても、なかなか成果が上がらない時代となっております

当店でも「ある方針」を打ち出しても、書いてあること、言われたことだけ実行しても、そこに隠されている裏面が見落とされてしまうという状況が散見されます。よって本店は「顧客・商品・販売力・働き方」に一〇のテーマを設け、その二面性、表裏を同時に実行する戦術を立案しました。これが〝営業革命〟——一〇の両輪駆動作戦です。

まず、**第一に〝文化・教養・娯楽〟と商品**です。我々は、ただモノばかりを山積みして「売ろう、売ろう」としているから売れないのです。お客様の心・気・ライフスタイル・生活シーンを掘り下げ、それに対応する品揃えをすることが肝要です。本店におけるお客様の心・気とは〝文化・教養・娯楽〟なのです。よって、まず本店を〝文化・教養・娯楽〟で満ちあふれた殿堂として完成すれば、お客様は全国よりご来店頂くことができ、商品の販売に直結するのです。

■文化・美術・外国展の高質化・スケールアップを行います。
■劇場・文化センターの内容を見直します。（文化センター二〇周年、三越劇場・三越名人会五〇周年の節目）
■知的レベルの高いお客様への娯楽として、エンターテインメント性・アミューズメント性を強化していきます。中央ホールでは、高質なイベントを波状展開します。
■日本一のお得意様サロン、顧客サービスカウンターを新設、統合します。
■南口エントランスのロビー化、（銀座線）地下鉄口にエスカレーターを設置します。
■二階、三階、四階のライトウェル（本館中央吹き抜け周り）のレストスペース化等、種々の施策を実現します。

**第二に顧客の囲い込み**を急ぐことが重要です。帳場前主の活性化と新規顧客の開拓を同時にやっていきます。帳場前主は一〇万人、三越カードは一〇〇万人に増やし徹底したアプローチで囲い込み（ロックイン）を行い、高齢化した帳場前主は〝生涯顧客（ライフタイム・カスタマー）〟として位置づけ、新規開拓は団塊の世代ファミリーにアプローチします。（親五〇歳、子二五歳、孫）

商品面については……

**第三、オーセンティック、ラグジュアリー商品とポピュラー商品（適価）の品揃え**
**第四に、買取商品と委託商品のバランス**（自主MD強化）……粗利益率向上、自主性の挽回

さらに、営業面では……

**第五、お得意様営業部と元番（元売場）各商品部との連携**……仕事の仕方・働き方のスタンダード化

仕事の仕方、働き方について……

**第六、ベテラン社員と若手中堅社員の役割分担**……マイスター（業界に通用する技術や知識を持ち、高い業績貢献をする職掌―編集者註）五〇名、ショップマスター二〇〇名
**第七、ハイテックとハイタッチの融合**（IT力と人財力、デジタルとアナログ）
**第八、仮説検証型マネジメントと顧客アプローチ・サイクル・マネジメント**
**第九、ホットな売場とクール・スマートな売場**……VMD（ヴィジュアル・マーチャンダイジング）の基本ルールを守る。売場の特性に応じてダイナミックに演出する。B'表でアコーディオン展開を

第一〇、システム・サービスとマントゥマンサービス……帳場・中元歳暮・仏事慶事等の組織対応、ご案内・お廻し（帳場前主等のお買上品を所定の場所へまとめておくこと―編集者註）

以上一〇のテーマについて、副店長、営業推進部ゼネラルマネジャー（以下GM＝部長―編集者註）、業務運営部GM、各営業部GMが責任分担を明確にして日々の進捗状況を確認して参ります。その型を表すべく、支店と同様、GM席（各営業部事務所）は全て新館六階の店長フロアに集結します。Every Time, Every Day, Every Where. 相互に連携をとり、成果を上げます!!

ある意味で、当たり前、分かりきった施策を列記したが、

▪それを全店目標として可視化し、アクション・プログラムにより経過チェックをしたこと
▪全員が愚直に徹底して本当に実行したこと

この二点が他と違うと今でも自負している。当然結果は付いてくるもので、二〇〇〇（平成十二）年度上期＋一二・八％、下期＋五・九％（ジャイアンツ優勝セールで＋一二％にはなった

が）、年間十三・九％の売上高を達成した。〝（売場ごとの）小さな成果の積み重ねで（店舗全体の売上という）大きな成果〟を私は座右の銘にしている。

（中略）

二〇〇〇（平成十二）年十二月三十一日の全店放送（閉店後放送）の全文を記しておきたい。今読み返すと、「なんと感動的な辞」と感心している次第である。

皆さん、本日は大変お疲れ様でした。あと六時間弱で「戦争と激動」の二〇世紀から「平和と安定」の二一世紀・新世紀となります。

この一年の三越本店の動きを一言で言いますと、全員たゆまぬ知恵と努力と情熱により、昨年の十二月以降、十三カ月連続して売上高で前年をオーバーしたことです。また、二年間のインフラ整備が華ひらき、今月は一〇年ぶりに目標を達成する見込みです。これは百貨店業界不振の内で快挙とも言えますし、「二一世紀への飛躍」につながる〝金字塔〟とも言えます。皆様の一年を通しての日々のご奮闘に対し、心より御礼を申し上げます。

二〇〇〇年の全店スローガン「〝乗風破浪〟の精神で本店を〝文化・教養・娯楽の殿堂〟として築き上げ、高質百貨店としての地位を盤石とする」の下、日々戦ってきました。我々の熱い想いと行動がお客様から評価を得て、来客増・売上増につながったと確信しております。

新世紀の劈頭である来年は、この二年間やってきたこと、身につけてきたことに自信を持ち、それらを〝深化・進化・新化〟させる年です。やってきたこと、身につけたことをさらに深く掘り下げ（深化）、進んだものに発展させれば（進化）、新しいものに生まれ変わる（新化）のです。

言葉を替えると〝お過ごし場〟の完成です。売場でも〝お買い場〟でもない、ご来店頂いたお客様に楽しいひとときをお過ごし頂く場・店舗として完成しようということです。詳しくは年頭の朝礼にてお話ししたいと思います。今、まさに終わろうとしている二〇〇〇（平成十二）年は皆様のご奮闘とお客様のご愛顧により、私の三越人生三十七年間の中で最高に楽しく、やりがいのある、かつ充実した一年間を過ごすことが出来ました。心より御礼を申し上げます。本年は六〇歳、年男でした。年初、わずか二日間の休暇ですが、皆様におかれましては、ご家族とともにゆっくりと良いお正月を迎えられんことを祈念して越年のご挨拶と致します。本当にありがとうございました。

二〇〇〇（平成十二）年のビッグイベントとしては、ジャイアンツ優勝セールがあった。なぜ三越で初めてジャイアンツ優勝セールが開催できたのか。私の知る限りの表・裏の理由を記しておく。そごうが有楽町の読売会館に出店したのを契機にジャイアンツ優勝セールは永年そごうで単独独占展開されていた。しかし、そごう有楽町店の閉鎖により読売がその契約を解除するという情報が入り、本社を中心に猛アタックをかけ、七月十九日に三越に決定したということになっている。この決定となる決め手に三越本店の出来事があった。渡辺恒雄様（当時、読売新聞社社長）の奥様が体調を崩して車椅子の生活をなさっており、気が滅入っている様子を心配して、渡辺様が、「百貨店で気晴らしを」ということで週に一回ご来店なさっていた。当時の本店は地下食品売場と各階のトイレは段差があり、車椅子では不便をお掛けしていた。私はお得意様営業部の屈強な若手社員二人を、渡辺様ご来店時にアテンドするよう指示した。お買い物のアドバイスは名目で、段差の場所で車椅子を持ち上げ、スムースに移動することが趣旨であった。これに渡辺様は感動し、読売新聞社の取締役会で次のように話をされたそうである。「三越本店は素晴らしい。家内が週一回、車椅子で気晴らしのため、行っているが何処へ行ってもバリアフリーで移動が楽である」

「バリアフリー」と言っても人手を掛けたバリアフリーではあったが……。私はこの話を聞いて、「勝った!!」と思った。七月十九日ジャイアンツセールは、そごうから三越での開催へと決まったのである。

また、忘れられないエピソードがある。それは、ジャイアンツセールの初日、ライオン口でお出迎えの挨拶をしている時のことである。初老の男性との会話である。

男性「店長はどこだ！」

平出「はい、私が店長です」

男性「国民的百貨店として三越がやってはいけないことが三つある。政党・宗教・スポーツへの片寄った応援である。なぜ、ジャイアンツセールなのか、理由を言え!!」

胸ぐらをつかまんばかりの剣幕で私も一瞬たじろいだが、こう返答した。

平出「私もそう思いますが、今回は六年ぶりということでご理解を頂きたい。実は私はアンチ巨人ですが、読売と三越のトップが決めたことですので、陣頭指揮をしているのです」

相手は、肝玉が据わっている、と思ったのであろう。ニヤッと笑って立ち去った次第です。私はアンチ巨人ではあるが、清原選手のファンであったので、彼の背番号5を付けた法被を着て一カ月間陣頭指揮をした。

二〇〇〇（平成十二）年は私にとって人生最高の時であったので、執筆中に昨日のことのように思い出され、興奮が止まりそうにないが、キリがないので再総括して終わらせたい。

〝四大革命〟の集大成としての〝営業革命〟により、本店が〝文化・教養・娯楽の殿堂〟として再興し、かつ商品面、販促面、環境面、人事面、全てで計画が実行され、顧客満足・従業員満足が大いに昂揚した二〇〇〇年であった。

## ③二〇〇一（平成十三）年　本店長三年目〜〝疾風怒濤〟〜

第二期中長期経営計画スタートの年。

年男として、また本店長二年目で最高の仕事ができた昨年であったが、「世界でそして日本の政治・経済が不安定で、かつ百貨店業界が大苦境におかれている状況で三越本店を三年で復活させねばならない!!　その最終年度が本年度である」ということで年末より私の頭の中は一杯であった。二〇〇一（平成十三）年のスローガンは〝疾風怒濤〟とした。四月の小泉内閣スタート、九月の米国同時多発テロ、十二月愛子さま誕生と、夢・希望・恐怖・不安が錯綜したまさに〝疾風怒濤〟の一年間であった。三越本店としてのスローガンがそのまま世界の、日本の現実となってしまったのである。

年初の一月四日朝礼、全店放送で前述の気持ちを反映した訓辞をしているので、まずそれを記す。

皆さん!!　明けましておめでとうございます。わずか二日間のお休みでしたが、ご家族揃って新世紀二〇〇一年という記念すべきお正月を迎えられたことと心よりお慶び申し上げます。ただ今井上社長より二〇〇一（平成十三）年度の目標・方針が発表されました。

本店はこの方針の下で三越の基幹店として、私を先頭に全員がベクトルを一つにして実行、成果をあげていくことを誓い合いたいと思います。

昨年一年間の本店の活動をレビューしますと——全員のたゆまぬ知恵と努力と情熱により一昨年の十二月以降十三カ月連続して売上高で前年をオーバーしたことがあげられます。

また二年に及ぶインフラ整備、全員の意識革命が華ひらき、十二月は実に一〇年ぶりに売上目標を達成したことです。

昨年のスローガンは〝乗風破浪〟の精神と〝文化・教養・娯楽の殿堂〟の完成でした。本年はこれらのテーマをレベルアップ・スキルアップ・パワーアップして〝疾風怒濤〟の精神で〝お過ごし場〟の完成をテーマと致しました。

〝疾風怒濤〟とは、ドイツ語で「シュトゥルム・ウント・ドラング（Sturm und Drang）」と言い、一七七〇年代ゲーテ、シラー等によって興された文学の革新運動です。人間の個性と自由な発表を尊重する運動です。その後、「激しい風と荒れ狂う波」の意を「時代が激しく変化すること」の形容に使われています。この一七七〇年代を三越の歴史と対比しますと、一六七三年三井高利により越後屋が創業されてちょうど一〇〇年後の時なのです。

そして我々は二〇〇四年に株式会社設立一〇〇年を迎えようとしています。今、我々はまさに一六七三年創業一〇〇年後の先輩と同じポジションにいると言えます。ですから、皆さん一人ひとりの個性と実力を自由闊達に発揮し、〝疾風怒濤〟の時代に攻めの商売に転じ、「二〇〇四年の創業一〇〇年」「デパートメントストア宣言一〇〇年」を迎えようということです。

次に、〝お過ごし場〟とは……。

お客様第一主義を実現するには、売場でも〝お買い場〟でもありません。ご来店頂いたお客様に楽しいひとときをお過ごし頂く場・店舗でなければなりません。我々は先輩がつくりあげた諸制度が制度疲労を起こしていると考え、止めるものは止め、直すものは直しました。顧客面では帳場を〝生涯顧客〟、三越カード（ハウスカード）顧客を新規顧客として位置づけ、毎日アプローチを続けてきました。働き方の面では、B'表（一三週販売計画表―編集者註）、小ロットＤＭ、チームＣＰ（目標管理制度―編集者註）、販売員カード等を仕事の標準ツールとして愚直に活用してきました。人財面ではマイスターとショップマスターを中心に個人のスキル・レベル・パワーアップに努めてきました。商売のインフラ・基盤は完成しつつあります。よって本年は〝お過ごし場〟宣言が出来るし、完成させねばならないのです。全ての時間とパワーをお客様に向け、〝お過ごし場〟を完成させましょう!!

一月一日、三日に三越本店のメッセージ広告を出しました。

もっと素敵にこの新世紀
日本の道の歴史は日本橋から始まりました（道路元標）。
日本の百貨店の歴史も日本橋から始まりました。
原点からの長い時を超えて歴史を刻んできた二つの日本橋です。
輝かしき新世紀の幕開けにあたり　日本橋三越本店では原点を見つめ直して

新たな気持ちで皆様をお迎えし、
感動とゆとりに満ちたひとときをお過ごしいただける百貨店として
更なる歴史を歩んで参ります。
人と人、心と心を結ぶ架け橋として国内外の三越ネットワークの中心として日本橋三越本店はもっと素敵になります。

全員がこのメッセージの一言一句をかみしめて、具体的に実行して欲しいと思います。
三越本店は十三カ月連続で売上高前年プラスを驀進中です。本年今月よりは一巡し、さらなる高い目標を達成していく使命があります。
知恵と努力と情熱で〝お過ごし場〟を完成しましょう!!
You can do it!!（あなたたなら出来る）
そして本年末、全員で
Yes, I got it!!（はい、やりました）
と言える成果を出しましょう。ありがとうございました。

企業三越として本年は、守りから攻めに転じる。ターニングポイントとして『第二期中長期計画』のスタートの年であった。これは二〇〇一（平成十三）年から〇三（平成十五）年の三カ年の経営計画で三部、五〇項目より成る緻密かつ大胆な計画であった。その項目のみを記しておく。

Ⅰ．中長期経営計画の基本的考え方

⑴ 第一期中長期経営計画での実施事項

第一期計画の位置づけを「過去の負の遺産の整理と利益の出る体質への構造改革」としてこれを断行し、会社・店舗・部門・売場・仕事・人の企業全般を見直し、経営基盤の確立を実施。その結果、一九九九年度決算では単体で八九億円の営業利益、六一億円の経常利益。また連結では各々一一四億円、八一億円の黒字を達成した。

⑵ 二〇〇〇年度下半期は第一期計画の総仕上げ

第一期中長期経営計画の積み残し二点

1．増収・増益――二〇〇〇年度通期の増収・増益の完遂

2．意識改革――やらされ感・不平不満がある

この二つの課題を下半期にやり遂げて第二期計画につなげていく。

⑶ 第二期を迎えるに当たり、対応すべき環境変化と三越の経営ヴィジョン

1．環境の変化

■業種・業態の壁を超えた未曾有の競争時代、選別型消費の進展
■マーケットの二極化・IT革新・マルチチャネル化
■経済のグローバル化・会計制度のグローバル化

2．三越の経営ヴィジョン

■二一世紀型の高質小売業グループの創造……三越らしい高質な商売を追求することにより、いたずらに業態競争に埋没することなく、当社の強みを明確に打ち出し、本業である百貨店事業を中核に三越グループの事業領域を再編成し、競争力のある〝強い三越〟を作りあげていく。

(4) 第二期中長期経営計画の位置づけ

第二期計画では第一期の成果を土台として「攻めの経営（※）に転じて持続的な成長を果たす高収益企業への脱皮」と位置づけ、経営ヴィジョンを見据えた積極的な施策を展開し、企業基盤の拡充を図る。
※攻めの経営とは、様々なチャンスを捉え、売上の拡大と収益体質の確立を図ること。脱皮とはチームが、一人ひとりが、三越が必要とする姿に生まれ変わることである。

Ⅱ．第二期中長期経営計画の目標

第二期計画の三カ年は二一世紀の到来に始まり、二〇〇四（平成十六）年の「株式

会社一〇〇周年」を盤石な体制で迎えるための重要な三カ年となる。よって、その目標は「増収増益による本格的な収益体質を持つ〝強い三越〟を作りあげ、株式会社一〇〇周年に向けて高質小売業グループの確立を目指す」ことである。

二〇〇三年度（平成十五年度）の数値目標

| 連結決算目標 | | 単体目標 |
|---|---|---|
| 売上高 | 一〇，〇〇〇億円 | 七，〇〇〇億円 |
| 営業利益 | 三〇〇億円 | 二〇〇億円 |
| 営業利益率 | 三・〇〇％ | 二・八六％ |

これにより連結繰越欠損金（一九九九年度四四七億円）を解消し、連結有利子負債（同三二一八億円）の削減を達成。三越グループ全体での連結株主資本の増強を図る。

Ⅲ．第二期中長期経営計画アクション・プログラム

第二期計画の目標を達成するために、アクション・プログラムとして以下の六項目を設定する。

■営業力を強化し、企業基盤を拡充する。（三項目）
■収益性を高め、強い企業体質を作り上げる。（三項目）

1．事業領域の再編成と営業力の強化

店舗SI（ストア・アイデンティティー編集者註）の推進、戦略平場（戦略的自主編集売場ー編集者註）の拡大強化、顧客政策の推進、広域事業（外商・通販・建装・ジョイント・バイイング〈他百貨店への卸ー編集者註〉）、グループ事業会社の構造改革ステップⅡ

2．店舗、事業部門、グループ会社の連携強化と効率的ネットワーク運営

首都圏店舗ネットワークの強化、地方店ネットワークの強化、姉妹店・グループ会社との連携、連結、連結決算への対応

3．新規案件／店舗基盤の拡充と新規事業の取り組み

多摩センターへの出店、札幌アルタ・名古屋三越新館、銀座三越新館、大阪新拠点計画、eビジネス、エルダービジネス、ホビープロジェクト

4．活力ある企業体質確立と人的生産性の向上

要員ミックス（有期雇用契約社員を採用し、人的生産性を高めることー編集者註）の推進、チーム力の向上、個人の意思を反映したキャリア開発の促進、成果主義の更なる推進と評価制度の定着、定年後再雇用の拡大、新しい年金・退職金制度の構築

5．収益構造の強化と財務体質の改善

営業キャッシュフローの改善（編入率〈粗利益率ー編集者註〉の向上、営業費構造改革ステップⅡ）、営業外収益・特別損益の重視

6．企業の社会的責任の遂行
　コーポレートガバナンスの更なる推進、正直な商売、環境問題への対応、基本的人権の尊重

　次に企業三越の『計画』を受けて、三越本店の戦略は？　ということだが、私は常務として、本店長として、この『計画』策定に多くの意見を述べてきた。その意味でも、企業三越の計画イコール三越本店の計画である。

〈本店第二期中長期計画（二〇〇一〜〇三）における二〇〇一年度施策〉
●第二期計画を通してのテーマ
　疾風怒濤の精神で本店を文化・教養・娯楽の殿堂としてつくりあげ、日本唯一のオーセンティック（高質・高収益）百貨店として完成する。そして二〇〇四年株式会社設立一〇〇周年を万全の体制で迎える。
●二〇〇一年度上半期の施策
▪業績目標：営業利益三七億円　売上高八六〇億円　営業利益率四・三％

■皆でやろう!! ↑ 語呂合わせ
■施策：1．お過ごし場宣言……売場でもお買い場でもない。本店はご来店頂いたお客様全員に〝楽しいひととき〟をお過ごし頂く場・店舗
2．エリア・アイデンティティの確立……首都圏を一つのマーケットとして捉え、三越ネットワークの基幹店としての責任を完遂
3．高収益構造の確立……営業利益率 二〇〇二年三・七%↓〇三年五・〇% 営業利益一〇〇億円目標
●行動する強い軍団（一〇〇〇人）
1．お過ごし場宣言
■B'表（一三週販売計画表―編集者註）・小ロットDM・Cmap（顧客分析システム―編集者註）を活用し、売場のアコーディオン展開。VMD・サービスミシュラン・ショップマスター
■個人のレベルアップ（モラル・スキル・パワー）を図り、その集大成として〝お過ごし場〟を完成させる
2．エリア・アイデンティティの確立
■京浜店（日本橋・新宿・銀座・池袋・横浜店―編集者註）のお得意様営業・学校法人営業の統合

■中元・歳暮・仏事・店外催事の一本化
■呉服・美術・宝飾部門の本店集中化を推進
3. 高収益構造の確立
■呉服・宝飾・美術の売上拡大・利益率アップ
■戦略平場の拡大とA型（自主編集―編集者註）売場のシェアアップ
■商売を科学する（SCM・CRM・EC）
■特招会での高質・高率MDの拡販
■用度品・物流コストの削減
■要員ミックスの推進

両者をよく読み下すと、実に緻密で大胆でかつ革新的な計画であった。しかし、この後わずか五年で伊勢丹との統合となり、現在もその先行きが見えない状況に何故なってしまったのであろうか。専務まで務めた小生が評論家的無責任なコメントは出来ないが、三越を離れて今冷静に反省すると三点に絞られるのではないか。

1. 負の遺産の呪縛から脱却できなかったこと

2．予想を超える状況の悪化に対応不足であったこと
3．その結果、新ビジネス開発ができずジリ貧になったこと

「お前が現役の時、ナンバー2としてやるべきことばかりではないか!!」との誇りは甘んじて受けるが、「基幹店としての本店がその責を全うすれば、企業全体に波及する」という考えが甘かったのかもしれない。しかし、全てが終わったわけではない。状況が改善し、三越伊勢丹ホールディングスの強いリーダーシップと現場スタッフの奮闘があれば、必ず世界一の百貨店として復活すると信じている。

では、二〇〇〇（平成十二）年末から〇一（平成十三）年にかけて、私が社員に、そして外部での講演でしつこく主張してきた二点を記したい。

私は昨年（二〇〇〇年）十一月より部下にこう言ってきている。二一世紀のスタート二〇〇一年を迎えるに当たり、二つのことを全員で再確認し、さらにベクトルを一つにしていこう。三つの〝シンカ〟と〝二〇世紀のモノサシと二一世紀のモノサシ〟である。

- この二年間、やってきたことを〝深化〟〝進化〟〝新化〟させよう。
- 〝二〇世紀のモノサシ〟と〝二一世紀のモノサシ〟の違いを全員で再認識しよう。

今までやってきたことを、より深く掘り下げ（深化）、それを一段と優れたもの、進んだものに発展させる（進化）と、全く新しく生まれ変わる（新化）。これが〝営業革命〟の完成であり、かつ二一世紀への道を拓くことにつながるのである（お過ごし場構築への挑戦）。

次に、我々は二〇世紀をどのような〝モノサシ〟で働き、今後二一世紀はどのような〝モノサシ〟で行動するのかを確認し、ベクトルを一つにして大いに暴れよう!!

私は五つの〝モノサシ〟の違いを考えている。二〇世紀が「物的欲求、充足感」の時代だとすると、二一世紀は「精神的欲求、充足感」の時代と言える。では五つの〝モノサシ〟とは何か。

1．百貨店から〝百華店〟〝百化店〟である。

今までは百の貨＝商品の店舗であったが、これからは百の華・夢を提供する店舗であるべき。百に化ける――百のライフスタイル・シーンを季節・旬に合わせてタイムリーに表現する店舗である。そのため店頭は売る場でも買う場でもなく、楽しいひとときをお過ごし頂く〝お過ごし場〟に〝新化〟せねばならない。

2．顧客（カスタマー）から〝個客（ファン）〟へ

お得意様・新規顧客、あるいはヤング・キャリア・マチュアのようにグループで捉えることも重要だが、これからは個人一人ひとりとコミュニケーションをとっていく〝個客〟

であるべき。

■真のワントゥワンマーケティング時代到来

■CRM（Customer Relationship Management）が重要になってくる。

3．経験・勘・根性・執念から〝商売を科学する〟へ

これからのIT化時代で前者の思想は逆に重要となってくるが、IT力が0では時代遅れとなる。それに「商売を科学する＝IT力」が不可欠である。近い将来、「IT三種の神器」時代は必ず来る。SCM（サプライ・チェーン・マネジメント）・CRM・ECである。

4．唯我独尊から国際標準へ

今までは自分さえ良ければ、自分の会社さえ良ければ、自分の国さえ良ければ良い、という時代で唯我独尊・切磋琢磨の美名の下、各々成長してきた。しかし、これからは「人にやさしい、環境にやさしい、地球にやさしい」という発想でのグローバル・スタンダードの時代となってくる。エコロジー、リサイクル、バリアフリー、自然・文化遺産、CO2削減、ボランティア活動等が二一世紀にはさらにクローズアップされてくる。

5．最後は三越のことで恐縮ですが……

『第一期中長期経営計画』から『第二期』のそれである。

■第一期計画（一九九八～二〇〇〇年）　負の遺産の整理

■第二期計画（二〇〇一〜〇四年）　攻めの経営　二〇〇四年株式会社設立一〇〇周年を迎える

以上、三つの〝シンカ〟と〝二〇世紀と二一世紀のモノサシ〟論をベースとした三越本店の二〇〇一年度のテーマは「日本唯一のオーセンティック高質・高収益百貨店完成に向け、疾風怒濤の精神で二〇〇四年の株式会社設立一〇〇周年を万全の体制で迎える!!」である。

また、〝お過ごし場〟の詳細を述べており、記しておきたい。

〝お過ごし場〟の完成などと口で言うのは簡単であるが、完成するには大変な労力と情熱と覚悟がないと出来ない。単に売場の環境を良くするとか、椅子を多く置けば良い等の単純なことではない。店舗として、各売場で、重要なのは社員やパートナー（派遣社員）一人ひとりのレベルを如何にしてアップしていくのか、多面的総合的に展開することが肝要である。

まず店としては——

〝文化・教養・娯楽の殿堂〟として情報発信し、全国からご来店頂く。七階催事場はバーゲンセールを半減し、文化・教養・娯楽催事を拡大する。三越劇場は七〇周年を迎えたが、三越名人会、三越歌舞伎等、質を高めていく。本館一階中央ホールも物販催事を削減し、エンターテインメント・イベントを波状展開していく。ICT時代を見越してインターネットのホームページを強化していく。そして月一回フロア単位で「フェスタ」と呼ばれる企画を用意し、顧客の集中動員をかける。スポーツフェスタ・きものフェスタ・レディスフェスタ・ミキモトフェスタ等が昨年（二〇〇〇年）大成功であったが、今年（〇一年）はリビングフェスタ・健康フェスタ等を計画している。

各売場では――

快適空間の創出のため、二階、三階、四階のライトウェル（本館中央の吹き抜けまわり―編集者註）の売場を止めてレストスペースとしたり、VMDの基本に則り商品量を間引き、その空間に椅子を配置してドリンク・おしぼりサービスを実施したりする。

また、全店スケールの「フェスタ」に呼応し、ミニ催事（実演・コンサルティング・トークショー・トランクショー〈商品説明や受注を行う小規模な発表会―編集者註〉）を開催する。

人的サービス力の強化として――

人材を〝人財〟として、さらにパワーアップ、スキルアップ、レベルアップすることが肝要だ。

ベテラン・中堅・若手社員の責任と役割を明確にする。
マイスター……現状三〇人を五〇人体制へ
ショップマスター……女性と中堅男性で二〇〇人体制。店頭売上高のカバー率を六五％から七五％へ
サービスマスター……ベテラン男女社員二〇名体制。要員ミックスによりフェロースタッフ（パートタイマー）の増加が予測される。フェロースタッフとパートナーの準社員化（社員に準じた働き方ができるように）をサービス・マスターの指導で実現する。
お得意様営業……二〇〇人体制を二五〇人体制に増強する。ライフタイム・アドバイザーとしてお客様の生活全般に関するお買い物のお手伝いをしていく。
全従業員……この二年間（一九九九～二〇〇〇年）で店頭在席率を低下させる阻害要因を取り除いたのであるから、店頭スタッフは常に売場に在席し、接客に専念する。資格取得も重要。現在一五〇名が種々の資格を持っている。これを三年で三〇〇人、店頭スタッフの三〇％を目標とする。手話の接客用語、車椅子の講習にはパートナーも含め、全員で資格を取得する。

最後に、「まとめ」として五項目を述べている。

1. 景気は当分良くならないことを覚悟すること

企業は必要利益を確保しなければならないので、他力本願、他人の所為にすることなく、自助努力を積み重ねるしかない。

2. 方針・施策は具体的にすること

方針・施策は総論・抽象的なものは役に立たない。成果は出ない。具体的に各論に落とし、トップが率先垂範で仮説検証を継続しなければならない。

3. 顧客の嗜好は日々激変

顧客の嗜好は日々激変している。トップからボトムまで、その変化を敏感に捉える感覚を磨き、行動力を発揮すべきである。特に、情報の共有化が縦割りでなく、横串になっているかがポイントである。

4. 投網商売は滅亡のもと

投網商売（ターゲット顧客を絞らない商売―編集者註）は滅亡のもとである。高質顧客に絞り込み、高質なMD、高質なライフスタイル、高質な環境・サービスを提供するのが高質百貨店である。その実現にはプロのマーケター、プロのバイヤー、プロのセールスマンがどれだけいるのか、にかかっている（いなければ育成するか、ヘッドハンティングすべきである）。

5. 顧客なくして……

そして最後、「顧客なくして繁栄・成長なし!!」をトップ、ミドル、ボトムが再認識し、行動することである。

以上。二〇世紀から二一世紀にまたいで在籍できる栄光と責任を感じ、「新しい三越を、本店を我々の手で築き上げていく」という熱意と成果はご理解頂けたと思う。

二〇〇一（平成十三）年十二月三十一日閉店後の挨拶を記載しておきたい。

皆さん、大晦日の本日、世の中は九連休という中、大変お疲れ様でした。あと六時間弱で「激変」の二〇〇一年が終わろうとしています。この一年間を振り返りますと、世界が、日本が、そして三越が激変した年でした。確か、昨年の今日も同じようなことをお話ししたと思いますが、本年はさらに加速・拡大しました。

一月二十日米国ではブッシュ政権が、四月二十六日日本では小泉政権がスタートしました。九月二十八日読売巨人軍長嶋監督が勇退しました。九月十一日NY同時多発テロ事件、その後の株価の暴落、日本の失業率が五%を超えるなど、現在世界同時不況に突入しています。

しかし、我々三越本店は全国的に百貨店が不振の中で、この十二月で二十五カ月連続、売上高プラスが進行中ですし、九～十一月の第3四半期では昨年のジャイアンツセール三二億円分をカバーし、増収増益を達成しました。

これは皆様が本年のテーマである〝疾風怒濤〟の三原則〈動き・動かす・動き出す〉〈仕組み・仕掛け・仕事〉〈落とさず・下げず・増やさず〉を愚直に実行してくださった賜物だと思っております。皆様のご努力とご奮闘に対し、心より御礼申し上げます。

特に我々の努力と熱意の総決算であり、かつ〝お過ごし場〟完成の証しとして開催しました十一月の「華ひらく祭」、十二月の「大特招会」は大成功でした。この成果は皆様の努力をお客様が評価してくださった故のものと確信しております。

重ねて、皆様のご努力に対し、深く感謝します。

さて、来年の二〇〇二年ですが、世界経済、日本経済はどん底と予測されています。かつ、三越本店は三月より新館閉鎖による売場面積一〇％減少の中で厳しい闘いをしていかねばなりません。逆境の時こそ、個人一人ひとりがパワーを発揮する土壌がこの三年間で出来たはずです。それが三越本店の底力なのです。逆に二〇〇四年秋に新・新館完成という大きな夢と目標が我々にはあります。消極的かつマイナス思考をかなぐり捨てて、この大目標に向かって、

▪さらなる積極的な攻めの商売と

▪真の顧客第一主義、顧客感動度アップを

実現して行こうではありませんか‼

わずか二日間の正月休みですが、皆様におかれましては、ご家族ともども、ごゆっくりと良いお正月を迎えられんことを祈念して越年のご挨拶と致します。感謝、謝々、多謝‼

## 4 二〇〇二（平成十四）年　本店長四年目〜〝商魂営才〟〜

本店復活元年、新・新館プロジェクト発足。

本店長就任時に「三年間で三越本店を復活させる‼」と宣言した結果、平成十一、十二、十三年連続で増収増益が実現出来たことは数値的には満足するものだったが、質的には〝お過ごし場〟の完成、唯一の高質百貨店〟としては志半ばという心境で二〇〇二（平成十四）年を迎えた。

三年間やってきたことをもう一度総括し、至らぬ点は改革し、善き点はさらに強化すると同時に「新・新館完成」を皆で築きあげようと意気に燃えた年であった。

私は三越に入社以来、商人とは話し合うこと、コミュニケーションが最大のポイントと思っていたので常に自分で考え、自分で書き、自分で話して趣旨を伝えるというコミュニケーションをとってきた。「可視化・可聴化・可動化」である。リーダーは自分が考えていること、やってもらいたいことをまず可視化（見える化）する。そして、それを可聴化（自分の言葉で言って聞かせる)。すると可動化(人は、組織は、顧客は動き出す)するという信念で業務を遂行してきたが、二〇〇二(平成十四)年は大願成就の近道はこれをさらに強化することだった。その具体策としては——、

1. 月三回の店長朝礼……月初は方針発表、十日は表彰朝礼、二十日は催物朝礼　従前は月初のみ
2. 四半期ごとの店長訓話……四半期の総括と翌四半期の施策発表を三越劇場にて開催
3. 店長とのダイレクト・ミーティング……辻説法スタイルでお得意様営業、サービス部門、新入社員、新役付者(課長職以上)対象
4. 決起大会……各部の月末慰労会、中元・歳暮決起大会、平成の忠臣蔵血起大会

等を実施した。コミュニケーション力・言語力なくして、この難局(構造不況、売場面積一〇%減、新・新館工事着工)は乗り切れないと覚悟していたからである。

そのような想いでの年頭の訓辞——

皆さん、明けましておめでとうございます。
好天の正月二日間、ご家族ともども晴れやかなお正月をお過ごし頂いたことと思います。

ただ今、井上社長より本年の方針が明示されました。

本店に在籍する我々は企業三越のリーダーとして常に危機感、使命感、連帯感をもって、私を先頭に全員がこの方針を実行し、成果をあげることを誓います。昨年末、三越劇場にて四回にわたって本店の「新・新館完成までの二年半の心構え・働き方」について皆様にお話ししました。再確認しますと、「人・物・コト（こころ）の三面でもう一度、原点に戻り、各々に磨きをかけ、レベルアップ、スキルアップ、パワーアップして新・新館オープンを迎えよう!!」ということでした。人とは商人です。物とは商品です。コト（こころ）とは商法です。全員が、全館で、全力を挙げてこの商いに集中、専念しようということです。

■商人については

「商魂営才」の精神を貫くことです。商人の魂なくして営業の才能は発揮できません。「お客様を大事にする、商品を大事にする、常にお客様のニーズ・ウォンツ・シーズに即応する、正しい公平な商売をする、結果、正当な利益を稼ぐ」――これが商人道、「商魂」ということです。

■物＝商品については

「本店品揃え三原則」を実行し、高質百貨店として完成しましょう。その三原則とは、
本店だけしかないＭＤ（Only)

本店が一番強い、売るＭＤ（No.1）
本店が一番新しいＭＤ（New）
です。

■コト（こころ）＝商法については

1．顧客囲い込みのさらなる深耕（Lock in）
お客様のライフタイム・バリューを全店レベルで高める体制をつくることです。

2．ネットワークセールの徹底
三越の店内・店間・店外のネットワークを活用し、そこにある商機（ビジネスチャンス）を徹底的にモノにすることです。本気、正気になって商機をつかめば勝機につながるのです。

3．戦略平場・ショップマスターのパワーアップ
顧客、商品、そして我々の夢についてもっと語り合い、もっと関心を持ち、もっと勉強してお客様のウォンツにスピードをもって応えていきましょう。


一言で言うと――

「〝商魂営才〟の精神で、商人・商品・商法に磨きをかけていく」

これが本年の本店方針です。

皆様のご努力で我が本店は二十五カ月連続して売上高は前年をオーバーしています。

我々の夢、最終目標である「新・新館完成」まで九七〇日と一〇〇〇日を切りました。私とともに全員が全力投球されんことをお願いして、年頭の辞と致します。ありがとうございました。

二月一日より三越は、中村胤夫社長、平出昭二、喜連元昭専務によるトロイカ新経営体制となった。それを受けて二月十日の全店朝礼での訓辞は次の通り。

一月の商売は皆さんが大変頑張って頂き、良い報告をすることができます。
一月の売上高は、
店頭　　一二九億円強（＋七・五％）
事業部　九五億円弱（▲四・九％）
計　　　二二〇億円強（＋二・一％）
■店頭は二十六カ月連続前年売上高プラス
■昨年の七月以外、六カ月ぶりに売上高・営業利益目標を達成
■これにより九〜一月の五カ月累計で営業利益が前年プラスに転じた
■来客数は一四五万人（＋一四・六％）二桁増
皆さん全員の努力の賜物であることもさることながら一月十五日よりの「新館閉鎖の売

り尽くしセール」、一月二十二日よりの「和のキルト展」が大幅な来客増に寄与した。ほとんどの品別（売場）、ディビジョン（部門）が目標を達成しました。

二月一日中村新社長の下、新しい経営体制がスタートした。本店は工事スタートの本年が正念場ということで、社長にお願いして副店長、GM（部長）の続投となった。本店の歴史に残る最強軍団を、経営は私に与えてくれた。私は過去三カ年間の本店長としての経験・実績・名声をかなぐり捨てて、白のキャンバスに向かって新しい絵を描き続けるので、ぜひ皆さんついて来て欲しい。

二〇〇二（平成十四）年度上半期の目標は八七〇億円である。〝ハナヒラク〟（「華ひらく」は三越の包装紙の名称―編集者註）である。棚卸後、三越劇場にて具体的施策をお話しするので、一人でも多くの参加をお願いする。その時にもお話しするが、本年のキーワードとなる「新二極化消費」について触れたい。本店でもこの現象は明白となりつつある。即ち一〇〇円と一〇〇万円の二極化である。食品の菓遊庵（全国銘菓売場）では一個一〇〇円の商品が毎日五〇〇〇個も売れている。反面十二月の特招会では一〇〇万円企画が二〇〇個、計二億円売れた。一月には「売り増し日替わり五〇〇万円企画」で婦人コートドレス八〇〇〇円が一二〇〇枚、一〇〇〇万円売れたし、シャネルの受注会は八三〇〇万円と伊勢丹を抜き、日本一となった。本年は経営より「顧客と商品に敏感たれ!!」の方針が出ている。

もう一つのポイントは価格政策である。「マーケットプライス」を実現できるかどうかである。株価は日々変動する。しかし、我々が扱っている商品は不変である。それではお客様の要望にお応えできていないと認識すべきだ。プレステージ、高級高額品も今の需要に応じた価格とすべきであるし、普通品・値頃品はニーズ品ではなく、ウォンツ品をさらに安く、適価で提供すべきである。

三月五日より「新生・本店元年」のスタートである。「感動との出会い」をスローガンとしたが、それに恥じない「環境と商品とおもてなし」を実行していきたい。

第1四半期は前年度に美術、宝飾品で大口商談（約一六億円）があったため、前年比ではマイナスとなったが売上高、営業利益ともに目標を達成した。その報告会を六月十三日、十四日の二日間三越劇場にて開催した。その時のパワーポイント資料を再現し、掲載する。

二〇〇二年度（平成十四年）上半期は、種々の手は打ったが、結果は「減収（▲一・四％）増益（＋三・〇％）純損益二五億円　目標達成」という不甲斐ないものだった。

八月二十九日、三十日「上半期の総括と下半期の方針」を訓辞したが、九月二十二日には開店前に催物朝礼、午後には「本店リボーン・プロジェクト」の辞令式を行い、いよいよ新・新

## Ⅰ.五つの難関

**・三越本店は1999～2002年で五つの難関を乗り切らなければならなかった。
四つは乗り切った!! あと一つである**

第1 1999年6月
希望退職による人員減下での商戦 (1999～2000年度上半期)

第2 2001年下半期
前年のジャイアンツセールをカバーする商戦 (32億円)

第3 2002年3月
新館閉鎖・売場面積10%減下での商戦

第4 2002年第1四半期
前年大口売上をカバーして売上高、営業利益ともに目標達成

第5 2002年上半期
中元戦に勝ち、増収・増益を達成すること

## Ⅱ.疾風怒濤の三原則

その1
◆動く　社員はとにかく動け
◆動かす　売場はMDを動かす
◆動き出す　すると 現場は、お客様は、動き出す

その2
◆仕組　GM・DMが達成のための仕組みをつくれ
◆仕掛　マネジャー・ショップマスターはその仕掛けをつくれ
◆仕事　すると 社員は仕事ができる

その3
◆落とさず　売上、利益、三越カード(獲得数)
◆下げず　編入率(粗利益率)、帳場稼働率、サービス・VMDミシュランの順位
◆増やさず　営業費、苦情の件数

## Ⅲ.第2四半期の課題

**必勝パターンの崩壊**

↓

**戦略の転換**(量より質)　＝　**全員の第二の意識革命**

↓

**強みをさらに強化・弱みを克服
新たな必勝パターンの確立**

## Ⅳ.今後の心構え

**・過去3ヶ年、増収増益を達成してきた「必勝パターン」が崩壊しつつある。**
**その「必勝パターン」とは**

① お得意様営業部による月1回の特招会の成功
② 元番(元売場)ショップマスターの活躍(売上シェア60%) 前年比+5%
③ 文化・教養・娯楽情報発信による新規顧客増、来客増 …であった

**・戦略の転換、全員の第二の意識革命 (悪い、もっと悪くなるという危機感)**
**今までのやり方は、もはや通用しない!!**

"強み"をさらに強化し、"弱み"をスピードをもって克服する。そして、新しい必勝パターンを構築しないと先はない。その具体策は…

① 月2回の特招会(総合・VIP)
② 月3山の仕掛(先行・中押し・ダメ押し)
③ お得意様営業部依存からの脱却ー自力動員 ショップの顧客づくり(DM回収率10%目標)
④ Life Stageへのネットワークセールによる挑戦(中元119億円、仏事、慶事、内祝、記念日)
⑤ 同業の商売の実態調査とその対応



## Ⅴ.第2の"意識革命"=第6革命"用語革命"

**・旧用語を使って、いくら"意識革命"を標榜しても実現するはずがない!!**

| 旧用語 - 死語 | | 新用語 - 用語革命 |
|---|---|---|
| ★バーゲン | → | ★セール・お買い得品(三越価格) |
| ★高齢顧客 | → | ★生涯顧客<br>ライフタイムバリュー・ライフタイムアドバイザー |
| ★売場・お買い場 | → | ★お過ごし場 |
| ★顧客満足度 | → | ★顧客感動度 |
| ★Re-Newal / Re-Model (直し、つくりあげる) | → | ★Re-Born (生まれ変わる) |
| ★老舗(しにせ)※老舗は倒産の代名詞 | → | ★生舗(いなせ) |
| ★サラリーマン | → | ★商人 ※士魂商才→商魂営才 |



## Ⅵ.新・新館オープンに向けて「NEPTUNE-10」作戦発令

海王星(ネプチューン)は太陽系の極限。

(その後、冥王星だとする新説も出たが)

新本店は8つの衛星(支店)を従えて、海王星に向けてロケットは既に発射された。後には戻れない。

ルビコン川を渡ったのである。

10のフェイズで加速し、前進するのみである。

2004年(平成16年)11月グランドオープン

| | 年・期・フェイズ | | | テーマ | 革命 |
|---|---|---|---|---|---|
| 顧客感動度UP(インフラ編) | 2002 | 上期 | Ⅰ | リボーン感動との出会い | 第6 用語革命 |
| | | | Ⅱ | リボーン感動のおもてなし | |
| | | 下期 | Ⅲ | くつろぎの出会い | 第7サービス革命 |
| | | | Ⅳ | くつろぎのおもてなし | |
| 顧客感動度UP(商品編) | 2003 | 上期 | Ⅴ | こだわりとの出会い | 第8 商品革命 |
| | | | Ⅵ | こだわりのおもてなし | |
| | | 下期 | Ⅶ | 新鮮との出会い | 第9 人財革命 |
| | | | Ⅷ | 新鮮なおもてなし | |
| お過ごし場完成 | 2004 | 上期 | Ⅸ | 老舗から生舗へ | 第10 新営業革命 |
| | | | Ⅹ | 本物に出会える贅沢な時間 | |

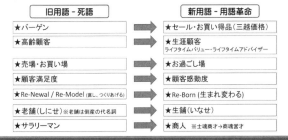

館完成に向けての体制が本格的にスタートした。催物朝礼と辞令式では同じことを訓辞したが、その要点は次の通り。

一九六一（昭和三十六）年頃、今から四〇年前、流行語大賞ではないが、「巨人・大鵬・玉子焼」と言われていた。国民的人気のシンボル、日々の活力の源として高度成長を下支えする代名詞であった。現在のそれは「巨人・貴乃花・三越」である。

巨人はM6が点灯し、優勝目前である。貴乃花は今日勝って奇跡の復活優勝である。残りは三越の番。しかし三越の今は元気がない。下半期スタートの今月は既に目標マイナス五億円だ。これから特招会、ジャイアンツセールで十分取り返せる。

もっと燃えろ!!　吼えろ!!　暴れろ!!

この下半期、目標達成し、二〇〇二年度通期で結果を出さないと、新・新館の完成にたどり着けない。本日「新・新館プロジェクト」の辞令を発令するが、その活動計画の概要は次の通り。

●活動骨子

本店の現状分析とマーケティング分析に基づく二〇〇四年を見通した本店SI（ストア・アイデンティティー編集者註）の計画立案

新・新館MDの総合計画・ネプチューン10作戦に則った本館リボーンの計画、立案、実

施

●具体的活動計画

1．本館リボーン基本構想計画

自部門の強み、弱みを把握し、「今までのやり方は通用しない」ということを前提に「二〇年後のあるべき姿」を策定する。

2．本館リボーン実施計画の立案

部門別の売上高、売買益高、編入率（粗利益率）、投資高、人員計画、損益計画

3．本館施設計画の立案

レジ、倉庫、後方施設、物流

4．新・新館MD計画

フロア計画、MD、レストランetc.

以上を現場各部、後方各部とディスカッションを重ね、定期報告会にて進捗の確認と決定をしていく。

二〇〇二（平成十四）年度の最後に、恒例の十二月三十一日閉店後の越年放送での言葉を記載する。

皆様、本日は大変お疲れ様でした。あと六時間弱で二〇〇二年が終わろうとしていますが、一つの区切りとして、この一年間を振り返ってみたいと思います。

一言で言うと二〇〇二年は――、
波瀾万丈、臥薪嘗胆の一年であったと言えましょう。我々は商人である以上、お客様の欲する物・サービス・環境に一二〇％お応えすることが全てですが、その前に世界が、日本が、そして三越がどのような変化を遂げているかに敏感でなければなりません。世界同時不況到来の不安、世界的株価低迷、金融不安、失業率の増加、米国の北朝鮮、イラクへの攻撃不安、そして本店では新館閉鎖による売場面積一〇％減の下での商売等々、我々は種々のマイナス状況下でこの一年闘ったのです。

上半期は売場面積減少、前年大口商談二〇億円というハンディがありましたが全員が危機感・使命感・連帯感をもって当たり、微減収増益で終わりました。下半期は九〜十月の不振を十一月のジャイアンツセールで一気に取り返しましたが、今月十二月は我々がかつて経験したことのない消費の冷え込みとなり大幅マイナスとなり、下半期九〜十二月の商売はかろうじて微増収増益で終わる見込みです。まさに波瀾万丈、臥薪嘗胆の一年でありました。臥薪嘗胆――将来の飛躍を期して耐え、足元を固めることです。

世界が、日本が、全国の百貨店がまさに先行きの見通しのない泥沼に陥りつつありますが、我が三越本店には「新生・本店」という大きな夢と使命があります。それには短期的には来年（二〇〇三年）一月、二月で一〇億円の売り増しを達成し、二〇〇二年度通期の商売で増収増益を実現すること。そして中期的には新・新館完成があと一年半と迫り、来年は「ネプチューン10作戦」のフェイズ5に入ることの二点を再認識し、実効をあげることです。この一年間の苦労をバネに来年こそは実り多く、活力のある年としましょう。皆様、この一年間、本当にありがとうございました。大感謝、謝々、多謝です。

## 5 本店長時代のエピソードと後輩へ伝承したいこと

本店長の四年間のことを書き綴ったが、全てが昨日のことのように思い出され、感無量である。こんな気持ちになれるのも、私がリーダーとして全力投球し、悔いが無いということもあるが、全ては社員・パートナー（派遣社員）・お取引先の結束力、実行力があってのことと感謝の気持ちで一杯だ。実は私は一九九九（平成十一）年の本店長拝命時に六年間本店に在籍し、前半の三年間で「本店を復活させること」そして後半三年間で二〇〇四（平成十六）年新・新館開店を成功させ「本店を再生する」という気持ちであった。そしてうまくいけば、当然の結果として企業三越のリーダーとなる夢も持っていた。

しかし、現実は厳しく、今でもその真相は闇の中だが、本店長四年、営業本部長一年、そして日本百貨店協会五年という人生を歩むこととなった。

では、本店長四年間でのエピソードあるいは、後輩に伝承したいこと等、二、三記して終わりたい。

①平成の忠臣蔵　四十七士血判状

私は二〇〇一（平成十三）年五月の株主総会にて代表取締役・専務に昇進したが、船津芳夫GMを中心に有志がお祝いの会をやりたいという提案があった。私は、「それではDM（副部長―編集者註）以上が一堂に会してお祝いの会と決起大会を兼ねてやったらどうか？」と逆に提案した。何度も述べたがコミュニケーション力は神代の昔から現代まで重要なことであるが、ただ集まればよいというわけではない。その集会の趣旨、参加した者が対等、平等に意見・情報の交換をすることがポイントである。

私はこの会を「昇格祝い」ではなく、本店のマネジメント層の「鉄血の誓い」をする場として四七人全員の名前を血判状に書き込み、それに押印する会とした。店長、副店長、部長、DM合計でちょうど四七人であったので忠臣蔵を思い出して次記のような連判状をつくり、全員に血判をしてもらった。

（三越国日本橋藩四十七士血判状）

誓大願成就・三年連続査定達成
・二〇〇四年ランドマークタワー21完成
藩主大納言　本店長
家老中納言　副店長四人
奉行　　ＧＭ一二人
代官　　ＤＭ三〇人
平成一三年八月二四日
浅草　草津亭にて決起

この会は私も強烈な印象を持ったが、部下の方が強く、本年（二〇〇九年）の二月に私が本店長に就任して一〇周年、そして古希を迎えるということで四十七士ＯＢ三〇人が参加して「志士の会」が開催され、そこで服飾雑貨部ＤＭであった小林勉氏より色紙を贈呈された。その内容は――

**平**成に**出**し　**昭**和の風雲児
跨がる**二**世紀　百華の巨人

棺桶にまで持って行く名文である。
会場にて小林君より、この名文の苦労話が披露され、私は酔っていて自覚しなかったが、数日後、自宅で読み返して驚愕した。
「平出昭二　百貨（華）巨人（GS）」　※GS：ジャイアンツセール
私の四年間の本店長時代の全てが巧みに凝縮されていたのである。

②新小僧読本――商魂営才読本

三越に在籍した者、あるいは日本小売業の歴史に興味がある者で『三越小僧読本』を知らない者はいない。しかし、時代とともに風化しつつあった。

私は本店長着任時に「この『小僧読本』を印刷し全社員に配付せよ」と総務部長に命じた。返ってきた答えは「本店長、〝小僧〟は差別用語で人権保護団体より、使用しない旨指導を受けている」とのことだった。〝小僧〟が駄目なら〝商人〟なら文句がないだろうとのことで、『小僧読本』を現代版にした物を販売促進、総務と共同で立案、制作した。

〝チェンジ〟〝変化〟とお経のように言っているが、重要なことは、「どう具体的に変えていくか」ということである。一〇〇年前は、士魂商才＝三越小僧読本、そして今は、商魂営才＝商魂営才読本なのである。

原本は一〇カ条で構成され、各々日比翁助のコメント（翁助曰く……）が記されている。新本は（平出昭二曰く……）とは書けないので、私の各年の方針、哲学を各条にうまく盛り込んでくれた。今、読み直すに、その素晴らしさに編集をしてくれた小泉さん、山下広二GMに深く感謝する。

〈三越本店～商魂営才～真の商人心得10ヶ条〉

今を遡ること一〇〇年余……。

明治時代の三井越後屋江戸本店には一〇〇〇人もの従業員がおりました。この大人数をまとめ上げ、店として一定のサービスを維持するために当時からサービスマニュアルが存在しました。

ここでご紹介するのは、一九〇五年日本初の「デパートメントストア宣言」を発表した、三越中興の祖・日比翁助専務が作らせた販売員の心得10ヶ条です。

そのエッセンスは現代の販売員である私たちも持ってなくてはならないものばかりです。

この10ヶ条をよく読んで、しっかり理解した上で実行し、もう一度全員が基本に立ち返りましょう。

第1条　本店の精神を理解する
本店の販売員なのに……
■本店の精神を知らない
■三越の「お客様第一」を理解しない
■本店の品位を下げ、かげひなたのある行動をする
本店で働くということを全く理解していません!!
こんな人がいると店が繁盛しないので、絶対許しません！

第2条　本店の販売員はスピードとパワー
本店長の信条は、スピードとパワーです。
販売員も同じように、つねに真剣勝負でいなければいけません。
本店に働く者全員が戦う強い「商人集団」となって真剣勝負でいきましょう。

第3条　商人の心構え3項目
本店の販売員は……
■目は水晶のように（愛想よく）
■口は黄金の鈴のように（お世辞も言い）

■心は宝石のように（誠心誠意）

目配りしない、無愛想、自分勝手、では、商人はつとまりません！

「愛想」「お世辞」「誠意」がポイントです。お客様の快・不快は販売員のふるまいにかかっています！

第4条　商人は目配り、気配り、心配り

目が5つも6つもあるように、つねに周りに目配りすること。

後ろのお客様にぶつかったり、左右のお客様を押しのけたり、などもってのほか！

第5条　お客様のご来店の目的をいち早くつかむ

ひとことで「お客様」といっても、ご来店の目的はじつにさまざま。

1. お買物目的のお客様
2. 娯楽目的のお客様
3. 怒っているお客様（ご家庭や職場で何かあって、気晴らしにいらっしゃった方）
4. 泣いているお客様（ご家庭に争いごと、悩みごとがあるお客様）
5. 困っているお客様（ご家庭に事情があって、うさ晴らしにいらっしゃった方）
6. ひいきのお客様（何でも三越に限る、というお客様）

7. ひいきではないお客様（三越は高い、贅沢だというお客様）
8. 見物のお客様（地方から上京された方）
9. 病気のお客様（慎重に接しなければいけない）
10. 同業のお客様（手きびしいので、ていねいに接しなければいけない）

お客様の目的を理解しようとせず、一本調子で応対するのは〝横着店員〟です。

様々なお客様に接するのが本店の販売員の仕事。ふだんからお客様の心を読むように心がけなくてはいけません。

第6条　お客様本位とは〝お客様大明神〟のこと

〝お客様大明神〟とはお客様のご無理を道理として応対すること。

お店にいらっしゃる間は心の底から楽しんでいただき、悩みごとがある方も、「本店で思いきり楽しんだ、来て本当に良かった」と思われるようにしましょう。

これが販売員の心がけひとつにかかっています。

第7条　お客様に平等に接する

外見でお客様を判断し、接客態度を変えるのは販売員として最低です。

このような対応をしていたら世間の人達はどう思うでしょうか？

いったんお店に入ったお客様には同じように接しなければいけません。

第8条　本店販売員の禁止事項五項目

1．あくび

大口のあくびも、のどでかみ殺すあくびもお客様に大変失礼です。なまけ心が出てきた証拠です。

2．無愛想

お客様が大変不快に思い、1万円の買い物をする方でも5千円でやめてしまうでしょう。

「無愛想は生まれつき」という人は本店の店頭には立てません。

3．かげ口

お客様が大変いやな思いをするでしょう。

4．舌打ち

これくらいお客様をばかにしたものはありません。

5．腕組み・後手組み

お客様が逃げてしまいます。体裁が悪いし、「三越もひまとみえて販売員まで腕組みしている」と言われてしまいます。

第９条　本店の販売員は〝商人魂〟を持つ
三越の販売員には、三越魂がなければいけない。
商人魂とは……
■お客様第一を理解し、自分勝手を通さない
■勤務中はニコニコ、キビキビ、ガンガン
■正直な商売をする
■どんな時でも三越のためを考える
高層ビルがたくさんの柱からなっているように、本店も一人一人の販売員からなりたっています。高層ビルが一本の柱から崩れることがあるように、一人の販売員のために本店の信用が傷つくこともあります。
多くの販売員の商人魂があって本店はなりたっているのです。

第10条　本店の販売員が実行すべき五項目
1．お客様の前にいるときは姿勢よく。
2．表情はおだやかに、お客様には親切に平等に接する。
3．仕事はすべて機敏におこない、労をおしまない。
4．目上には敬意をはらい、目下にはやさしく。

5．どうすればお客様のご希望にそえるのか。

どうすれば店のためになるのか、どうすれば自分の仕事がうまくいくのか、どうすれば本店の販売員として恥ずかしくないか……。つねに自分をかえりみて、よい方法を考える。

高質な品揃えとこのような販売員がそろえばまさに天下無敵です。

お過ごし場（平成13年）

「売場」でも「お買い場」でもなく、本店の店頭は、ご来店のお客様が楽しいひとときを〝お過ごし〟いただく「お過ごし場」であるという考え方。

品揃えだけでなく、「文化・教養・娯楽の殿堂」となることを目指します。

お過ごし場の３要素

①高質な商品

1．お客様が求める価格に見合った価値があること

2．お客様が納得される三越基準の品質があること

3．お客様が期待される商品文化情報（商品の由来）があること

②高質なサービス・環境

③高度な販売活動
お客様の信頼を裏切らない、正直な商売をすること。

### ③リーダーの条件

「リーダーの条件」について書かれたものは多い。私は『孫子の兵法』（『新訂 孫子』）から始まり、直近では姜尚中氏の『リーダーは半歩前を歩け』に賛同している。

まず孫子の兵法であるが、この中で「将とは智・信・仁・勇・厳なり」と記されている。古代からの基本道徳は仁・義・礼・智・信と言い習わされてきたが、孫子はあえて義と礼を省き、勇と厳を入れ、仁・智・信の順序を智・信・仁と変更したのである。

将とは何か。一軍を率いるに足る将軍が備えていなければならぬ美徳に五箇条ある。それは物事に通じ変に応ずる智恵、偽りなく誠ある信、温和にして人を愛しむ仁、強気を畏れず危うきに臆せぬ勇、威儀たる厳、これらの徳質である。

私は課長になった時から「商売は戦いだ。戦いのリーダー（将）は何をするべきか」について、この兵法を参考にしてきたつもりである。百貨店での「智・信・仁・勇・厳」とは、私なりの解釈であるが——

智――知識・知恵・知力――志・ヴィジョン
信――部下への信頼、部下よりの信頼、お客様・地域よりの信頼
仁――人が全て（部下、お客様、お取引先）人材から人財への発想転換、人を育てる
勇――覚悟、勇断。優柔不断・先送りを戒める
厳――正直な商売・コンプライアンス・ＣＳＲ。厳しく人を育てる。ＤＮＡを伝承する

これらを一言で言うと「志と覚悟と伝承」であり、これらが我が業界では欠けている。意のある後輩は、この精神で奮起して欲しいと切に願う次第である。

政治学者姜尚中氏が、二〇〇九（平成二十一）年九月に『リーダーは半歩前を歩け』（集英社新書）を刊行された。国の、地域の、企業の、店舗の、家族のリーダーとして共通認識すべきことと私は大賛同した。その要点を記すと――

1．企業のリーダーは今、適正利潤の持続可能な経営が求められている。しかし数値的な利益の追求だけでなく、従業員がこの先も安心して生活ができ、一人ひとりの力を活かすことが出来るリーダーシップを発揮できるか否かがポイントである。

2．情報やモノがあふれ、「飽和状態」を迎えた現在、困難な時代を生きるリーダーの資質は七つある。（）内は私の解釈である。

■先見力――（仕事の明確な意味づけを示す）
■目標設定力――（組織が一丸となって目指すべき）
■動員力――（カリスマ性、求心力）
■コミュニケーション力――（メッセージを末端にまで伝える）
■マネジメント力――（人財と情報〈ＩＣＴ〉を管理）
■判断力――（状況を判断し、勇断する）
■決断力――（目標達成のため、覚悟をもって決断する）

3．企業リーダーに求められている最大のテーマは、その仕事をする「意味づけ」を与えること。がむしゃらに働けば給料が上がり、会社が成長した時代は終わった。今はデフレ経済で収縮の時代である。何故、何のために働くのか、という明確なヴィジョンを社員に示せないリーダーは失格である。つまるところ、優れたリーダーの要件は「リスクを負う勇気があるのか否か」である。しかし、創業期の経営者とその後継者では違いがある。創業期のやり方をそのまま現代に当てはめようとすると無理が生じる。だからこそ、今の時代にふさわしいリーダーが必要なのである。

『孫子の兵法』（＝将の五箇条）と、それを現代版に置き換えて、「企業のリーダーの七条件」とした。諸君はぜひ、この二説を自分のものとして身につけ、対処して欲しいと願う。

では、本当の最後に雑感を記したい。

一九九九（平成十一）年に私が本店長に就任し、丸一〇年（※）が過ぎた。
※この原稿を起稿したのは二〇〇九年である。
「十年一昔」と言われる。楽観主義者は「大した変化はない」と思っているが、現場を離れ、第三者として見ると実は世界、日本、百貨店が大変化、革命的変化をしていることを痛感する。

まず、企業三越は一〇年前、百貨店の盟主であったが、今は三越伊勢丹ホールディングスとなり、そのヘゲモニーを喪失した。

元部下から〝百華の巨人〟とか〝伝説の本店長〟とか、今でも言われていることは大変光栄だが、それは自分一人だけの力ではない。時代が求めたから出来たのであり、部下、取引先、そのパートナー（派遣社員）、お客様に支持されてきたからこその言葉だと、自戒する。

本年（二〇〇九年）は〝臥薪嘗胆、日本再生〟を年頭に掲げたが、どうも来年（二〇一〇年）は〝日本漂流〟が間違いない。

虎穴虎子——虎穴に入らずんば虎児を得ず
虎視眈々——機会を狙って形勢をじっと鋭い目で見る

これがキーワードになるだろう。

二〇〇九年十二月十日

平出昭二

## 6『平成の商人道』

二〇〇九（平成二十一）年八月五日に開催された百貨店協会主催の講演会「百貨店の教訓」にて平出氏が掲げた資料を転載する。

〈トップ・ミドル・ボトムの共通認識2ヶ条〉
士魂商才↓商魂営才↓環魂商才（ハイブリッド人・デパリエへの進化）
平成の七大逆風・七大乗風・五大変化を共通認識する
■CHANGE――変わる・変える・変わった（現状維持・是即落後）
■五過五適――過剰な衣・食・住・遊・熱を適切に変える。生活の仕方・ルールを変える

〈心構え3ヶ条〉
■三見力――過去を十二分に見極める／現実を厳しく見据える／将来を正しく見通す
■五学――顧客から・他人から・他業態から・同業から・外国から学ぶ

■三可主義——可視化・可聴化・可動化

〈行動基準3ヶ条〉

■経営力強化——資本力・営業力・現場力の三位一体

■営業力強化——仕組・仕掛・仕事

■現場力強化——可視化・可聴化・可動化／アナログとデジタルを車の両輪に

〈百貨店の教訓〉

■百貨店業界のスローガン——楽しい（とき・ところ・とも）百貨店

■百貨店企業のスローガン——最小のコスト・最適のフォーメーションで最大の感動を

■一〇年後の百貨店——百貨店は変化に対してSHARPにSPEEDをもってSTRONGに対応できる最強の商業形態

以上

# 第4章　三越伊勢丹の現状を考える　〜平出昭二と黒部篤志対談〜

二〇一九（令和元）年五月四日、七月四日、九月九日の三日間に分けて神奈川県鎌倉市にて開催した平出昭二（元㈱三越専務取締役・三越本店長）と黒部篤志（元㈱三越伊勢丹執行役員・お得意様営業統括部長）の対談の模様を以下に掲載する。

＊＊＊

平出　三越を退社して一五年、百貨店協会を去って一〇年。百貨店業界とはなるべく距離を置いてきたが、某外食チェーンが「我々は〝商人（あきんど）〟……」との広告を掲げていたのをたまたま見てハッとした。三越は創業約三五〇年、この一五年間に〝商人〟という言葉を聞いたことがない。流通小売業は、しょせん〝商人〟なんだ。この認識がないとすれば致命的だ。今まさに、我々は〝商人〟として、目線を下げて謙虚にお客様に向かう必要がある。
全社員が〝商人〟であると認識せずして復権はない。

過去の〝商人道〟の実践の記録を残しておくことが、今こそ必要なのではないか……と考えていた時に、黒部君から共著の話があったので、喜んでお受けすることにした。

黒部　ありがとうございます。平出さんは〝伝説の本店長〟であり、その思想と実践の記録を残すことの意義はとても大きい。

平出　百貨店協会の専務理事時代に『平成の商人道』として、百貨店経営に携わる者として心得をまとめてきた。その意義は今でも錆びていない。むしろ、「百貨店衰退論」が叫ばれる中で、〝令和の商人道〟として継承して欲しい。

## 1 お得意様営業部設立以前

黒部　三越伊勢丹の執行役員までやらせてもらい、卒業したので黙っておこうとも思ったが、三越本店の顧客がこれだけ離反し、従業員のモチベーションも損なわれ、結果として業績の低迷が続くと「黙っていてはいけない」と思った。三越に永らくお世話になった者としての責務を果たさなければならないと決意した。

平出　やり切った実感がある者だけが共有できる感覚だな。まずは、お得意様営業部の立ち上げに向けた話をしよう。「帳場前主は組織対応（※）しなければならない」と思った一番の理由は、扱者がどんどん替わってしまっていたことだ。一度、津田（元三越社長）さんが本店長の時に進言したんだ。「帳場前主は組織対応しなければいけません！」と。だからこそ、後のお得意様営業部へ帳場前主を集約することにも賛成した。だけど、そのままやったら売上は一五％程度落ちてしまっていたと思う。店外催事は止める、全店販売は止める、売場別売上管理制度は止める……。リスクを伴う大きな決断だった。今だから話せるが、組織対応してもお得意様営業部が頑張ってくれると確信していたから賛成できた。

※組織対応：一九九八（平成十）年まで帳場前主の扱者は各売場の販売員が担っていた。組織対応とは、帳場前主を担当する部門を設け、組織的に対応することを意味する。

黒部　確かに手応えはあった。

平出　三越本店は一九九六（平成八）年から売上は低迷。帳場制度は三越の〝武器〟であったにもかかわらず、私が本店長に就任する前から扱者制度は実質的に機能不全だった。帳場前主を組織対応することには、社内的抵抗があったが、結果として間違っていなかった。

黒部　帳場前主の顔が見えない……帳場制度の崩壊だ。何人の担当を持とうが、最低限の関係は持つ。名前と顔が一致するのは、せいぜい二〇〜三〇名だ。だからこそ一人のお客様に深く入り込むのではなく、まずは全ての前主と接点を持つことをベースに考える。そこから先に特別に関係を深める前主をつくる。それがないと前主のポテンシャルが抑え込まれてしまう。一人あたり二〇〇名の前主を担当するならば、相性が良い前主だけ関係を深めて……その前主の売上は上がるかも知れないが、全体での生産性は上がらない。それを肝に銘じた。宅訪に優る関係性深化の手法はない。店頭でどんなに接点を持ったとしても。リビングに通してもらうには半年以上掛かるけど……。

平出　どこかのＴＶで某百貨店の外商の話をやっていた。「対応が素晴らしい」とか言っていた。女性の課長かな。富裕層らしきお宅へ行って、やっている。そんなことは、三越ではずっと前からやっているんだよ（笑）。

黒部　扱者に求められるのは会話。お客様は、自分のことを聞いて欲しい。扱者はお客様のことをよく知ること、お客様からは信頼される関係性を築くことが大事なんだ。「今度、三越に行くからよろしくね」と言いたい。

平出　これから富裕層で一人暮らし、それも女性が増えていく。このお客様に三越のファンになってもらう。我々は〝ライフタイム・アドバイザー〟なんだ。組織対応しなければ出来なかった。コロコロ担当者が替わってしまっていたんだよ。

## ２ お得意様営業部の設立

黒部　平出さんが本店長になる一九九九（平成十一）年度までの数年間、三越本店は売上高前年割れが続いていた。本店長として改革の旗を振ったことで毎月定例開催となった特招会にも帳場前主のための企画が売場から用意されるようになり、連動が図られるようになっていった。全館でのおもてなしの体制が整っていった。

平出　本店長になって、最初に主な帳場前主一〇〇名にご挨拶に伺った。これで分かった。三越の帳場前主は本当に素晴らしい方々ばかりだった。帳場前主への対応はしっかりやらなければならないと確信し、黒部君と連携をさらに深めようと決意した。

黒部　私も服飾雑貨部の帳場前主をお得意様営業部へ受け入れて実際に宅訪をしてみて分かった。凄い方々ばかりだった。これは体制を整えないといけないと思った。

平出　また、こうした素晴らしい前主をお迎えするために、マーチャンダイジングもしっかりしなければならないと考えた。具体的には品揃えの三原則として“Only”“No.1”“New”を掲げた。「お客様に『ありません』と言ってはいけない。商人としての接客応対に徹すべし」と伝えた。

黒部　平出さんが本店長時代（一九九九〜二〇〇二年度）、新聞や雑誌もお得意様営業部を取材に来ていた。

「特招会はどうやって開催しているのですか？」

「特招会にどうしたらこんなに沢山のお客様を呼べるんですか？」

という質問ばかりだった。

「日ごろの働き方が違うんですよ」

とだけ伝えた。商品を持って訪問販売していると、お客様が来て頂けるはずがない。

でも詳細は説明しなかった。説明しても理解されないからだ。お得意様営業部は大きな成果を上げたが、これは自分たちだけの努力ではない。平出本店長が売場から協力が得られるように徹底して各部に指示を出していたからだ。そのおかげで、扱者が外出などで不在の時は販売員が代わりに対応してくれるようになった。

平出　黒部君や升野髙東君（元三越本店販売促進部長）たちはよく頑張ってくれた。多数のお客様が、我々の施策に応えてくれた。メンバーも動いてくれた。

黒部　平出さんが使っていた〝ニコニコ　キビキビ　ガンガン〟というスローガンは分かり易くて良かった。本店長三年目だったと思うが、「店頭は〝お買い場〟じゃない。〝お過ごし場〟なんだ！」という言葉もその通りだ。百貨店というのは、わざわざ来店して楽しい時間を過ごす場なんだ。買い物するだけの場ではない。その方針に売場も応えてくれた。
各売場からも「お得意様営業部の担当者さんは、お客様を呼んで下さい」と言われるようになった。もちろん、お客様にお声掛けすることはできるけど、扱者一人では対応できない。売場からは「呼んで頂ければ、おもてなしは我々の方で責任もってやります」って言ってくれた。特招会は会期中だけの活動ではない。その前後に扱者と売場でコミュニケーションが深まったことが大きい。

平出　三越の経営会議の中で特招会の話になったことがあった。ある役員が「特招会なんて、どうせ前後の売上を寄せただけだろ。月次で締めてみたら（売上高は）一緒だろう」と言った。頭に来たので「例えば、一億円売れたとすると、（特招会をやらなければ）半分は髙島屋に行ってしまうんだ！」とコテンパンに言ってやった（笑）。

黒部　私がお得意様営業部に在籍したのは六年間。特招会の売上も伸びたけど、それ以上に月の売上も伸びていた。月間の帳場口座売上の一割が特招会の一日の売上。特招会で伸ばした分だけ月の売上も伸びていた。

平出　そうだね。同じような企画を毎回やっていれば日数を増やしても売上は伸びないだろう。でも特招会は、お客様に喜んでもらえるように、毎回新しい企画を立てていた。だから売上も伸びていったんだ。

黒部　当初一日だった特招会も多くの帳場前主がご来場になることで扱者が丁寧に対応でき

なくなったことから二日に拡大し、平日も一日加えないと来場出来ないというお客様からの要望もあり、三日体制となった。三日間開催が理想だ。それ以上になると期間中全員出勤が難しくなる。

平出　特招会の期間を三日間にしたのは、お客様への利便性を考慮した判断だった。売上拡大のためではない。

黒部　二〇〇三（平成十五）年度に平出さんが営業本部長として転出。後任の本店長からは「売上拡大のために特招会期間を延長せよ！」との指示があった。私は「四日間開催では特招会の性格が変わってしまう」と反対したが、実施せざるを得ない。しかし、結局、四日間開催の売上高は三日間の売上を下回ってしまった。それまではどんな天候が悪い日があろうと三日間累計で前年を下回ることはなかった。当時の店長からは「特招会神話も終わったな……」と言われたことを覚えている。単純に会期を伸ばせばよいわけではない。
スーパーブランドがイベントになると、ブランドの世界観を表現する環境まで作ってくれるようになった。以前は考えられなかった。お得意様営業部への期待が大きくなってきたことを実感した。

平出　「三越本店が全国で“No.1”売上を作るブランドを作りたい」と思った。スーパーブランドも自前で路面店を作り始めており、私も危機感を持っていた。

黒部　某国内大手宝飾品ブランドでは、百貨店合同での催事よりも三越単独催事が大きな売上を作るようになった。他の百貨店では、既に前売り（会期前の販売）で売上を作り、当日は食事のおもてなしが主であり、お品物の受け取りが従になっていることも多かった。一方で三越では、原則として前売りを〝禁止〟した。取引先からは「前売りをやらせて欲しい」と言ってきたが、「ダメだ」と断った。お客様との関係深化のための活動あってこそだ。

その頃から、取引先からも「企画段階からお得意様営業さんも入って下さい。どうしたら呼んで頂けますか？」と言われるようになった。「会話ができるレストスペースをつくって下さい」とか、「すべてのお客様が購入するわけではないけど、高額品だけでなく、お買い求めやすいものも用意して欲しい」とか要望した。せっかく呼んでも、前主に恥をかかせてはいけない。ケースには並べられなかったけど、ケースの下にそういった商品も用意してもらった（イベントへの動員は、お客様の支払い能力を考慮することが前提）。

平出　「お得意様営業の扱者は、商談が決まってから電話してきて『アテンドコード（係員売上登録）付けておいて』って言ってくるんですよ……」と告げ口をするメンバーもいた。でも次のように伝えた。「それでもいいじゃないか。扱者が日頃接点活動をしているから、売上につながっていることもあるだろう」

黒部　自分が直接関わってもいないのに、商談が成立した後になって売場に売上を付けさせられたとの報告があった時には、すぐに朝礼で伝えた。

「商談が成立した後になって、アテンドコードを打ち直しするように売場に強要している方がいらっしゃいます。こういったことをやっているとお得意様営業が売場から信頼されなくなるんです。名前も分かっているのですが今回は公表しません。しかし、また同じことをやったら今度は個人名を公表します。絶対に許しません」

こうすると次回からはやらなくなる。二百数名のうち、たかだか一人がこういったことをやっていても、お得意様営業部全体がやっているように言いふらす人たちは売場にも沢山いる。

最初の宅訪もそう。あるメンバーから「宅訪しないで、近くの喫茶店で休んでいる人がいる」との報告があったので、朝礼で次のように言った。

「今度から、宅訪した先のお宅に私がお礼の電話をします」

すると次の日から報告される宅訪件数は半分になった。でも実態の数字が報告されるようになった。

平出　なるほど……(笑)。

黒部　お得意様営業部へ集約し、エリア制を敷くことで計画的な宅訪が出来るようになった。お客様のライフスタイルを知る。不在のお宅にも訪問の足跡を残すことで、その後の関係構築のキッカケにすることができる。
お得意様営業部は外部の方から見ると〃外商〃だと思われているが、全く違う。宅訪して分かったことの一つは「訪問販売のニーズはない、むしろ抵抗感が強い」ということだ。情報収集や情報発信のための宅訪を実施し、お客様との関係を深めることで、お客様から〃メモ情報〃(お客様の属性情報等)だけでなく、〃ヒント情報〃(将来の購買につながる情報)が得られる。こうした情報に基づいて提案することは、売り込みにはならない。お役立ちである。
取引先からは「前売りをして下さい!」とお願いされるが、我々はこうした情報があるから、対象商材を購買する可能性がある顧客のリストを半年前から準備し、一カ月前までには完成しておくことができる。

お得意様営業部の責任は動員にある。売上に結び付けるのは売場の仕事だ。もちろん、商材の勉強は必要だ。お客様との会話が出来るくらいの情報はなければならない。しかし、専門家でなくともよい。

平出　そういう意味では、お得意様営業部の動員力は際立っている。スーパーブランドも百貨店"No.1"の売上を作ると、我々と向きあってくれる。

黒部　某スーパーブランド催事では、動員見込みが多すぎて調整したこともあった（笑）。

平出　お得意様営業部は最大で何人ぐらいになったのか？

黒部　平出さんの時がピークだが、その時でも二百数十名だった。その後、売上高は伸ばしながら人数は絞られていった。お客様の人数に応じて対応できる仕組みが出来ていた。ベテラン社員の活用も進んでいった。人事・賃金制度も高い処遇もあれば低い処遇もある仕組みを作ってもらった。評価の仕組みも売上高だけでなく、行動基準の実践度もあったから、納得性が高い。メリハリのある処遇ができた。その成果をトップから最下位まで各項目の点数を全部貼りだした。もちろん名前は伏せて。あれはベテラン社員のやる気を引き出すヒット策だった。

平出　お得意様営業部の重要な機能の一つとして〝ベテラン人材の活躍〟があった。社員は六〇歳定年。再雇用されて六五歳までだけど、特別なお客様を対応できる人材は七〇歳まででも雇用してよいのではないかと思う。

黒部　伊勢丹と統合するまでは、六〇歳を超えても現役と同じように活躍できる仕組みがあった。給与も月給制だったし、賞与もある程度の額を支給することもできた。統合によって、六〇歳を超えると時給制になり、原則として勤務時間も短くなって活躍の場も狭められてしまった。百貨店で永らく勤め上げたベテランは六〇歳を超えてもまだまだ十分戦力たり得るはず。

平出　六〇歳を超えても、モチベーションは落ちなかった。昔から総務部というのはあまり信用していなかった（笑）。本店長だった時、多面評価が導入された。「これは良い制度が出来た」と喜んで、マネジャーから上がってきた評価を全部確認した。問題があるものは加筆して総務へ送ったが、給与への反映結果を見て、私が加筆した通りになっていなかった。それならばなぜこの制度を導入したのか。それ以降、特にマネジャーの評価シートは全て確認するようにした。

黒部　それは大事だ。評価ほど人を動かす力になるものはない。不明確だと逆効果。明確だとやる気につながる。

## 3 三越と伊勢丹の経営統合

黒部　平出さんは伊勢丹との統合はどう受け止めたのか。これは私の反省も含めてだが、統合に臨む我々旧三越側経営のスタンスに問題があったと思うが……。

平出　統合当初、当時の石塚三越伊勢丹HDS社長は「三越は、伊勢丹の優れた〝MD業務フロー〟をタダで手に入れることが出来るんだ！」「三越のマーチャンダイジングは伊勢丹に一周半遅れている！」と社内で触れ回っていたようだな。

黒部　私もたびたびその趣旨の発言を聞いた。三越の内部だけならばまだ良い。しかし、伊勢丹側経営や経営スタッフにそうした発言を聞かれてしまうと、三越側の主張が出来なくなる。
「三越出身の石塚社長が認めているじゃないですか……」と言われると、働き方の統合に向けた議論が伊勢丹主導にならざるをえない。現実的に伊勢丹側経営の描いたとおりに進んでしまった。

平出　三越と伊勢丹は統合して十一年が経過した。統合当初は、それぞれの強みである三越の〝顧客との関係性〟〝多様なチャネル（通信販売事業、旅行事業、サテライト事業等）〟と伊勢丹の〝ファッション商品力〟〝財務体質〟（※）を相互に補完し、共有することで一プラス一を三にしていくことを目指していたはずだ。しかし、売上高も利益も三にはならず、今では二に届かず、一とか一・五に留まっている。その意味ではこの統合は成功したとは言いがたい。統合の原点に立ち戻り、何が成果で、何が課題だったのかを検証する必要がある。
課題点を明らかにした上で、戦略の修正を図るべきだと思う。三越本店は三越本店、伊勢丹本店は伊勢丹本店、それぞれの原点に立ち返る必要がある。
※『㈱三越と㈱伊勢丹との経営統合について』（三越、二〇〇七年九月）

黒部　統合後初の、ある会議の冒頭、高田信哉さん（当時三越伊勢丹ＨＤＳ専務・経営戦略本部長）は次のように言った。

「三越のお客様、意外に買ってないお客様も多いね。でも五〇〇万円以上の買上顧客も多い……」

直近一年間の買上高しか見ていない。また、

「お得意様営業部って約二〇〇名もいるけど、その人たちがいなくなったら売上はいくら下がるの？」

とも言われた。なぜ、この場でそのような質問をするのか、その時は真意が測りかねた。

「高田さん、お帳場の顧客数は減っても増えてもいません。でも二四〇億円から四八〇億円まで増えているんです。もし仮に高田さんの質問に答えるとすれば、四八〇億円が二四〇億円に下がることになります」と答えた。会議に参加したメンバーは黙ってしまったが……（笑）。

恐らく、高田さんは、経営統合直後の会議でもあり、伊勢丹側経営に対して三越の帳場制度の重要性を印象づけようとしていたのではないか、と今では思う。

平出　大西前社長とは何度か会ったことがある。彼なら三越と伊勢丹の良いところを活かして完成してくれると思っていた。周りが忖度し過ぎた面もあったのではないか。

黒部　大西さんは、三越の顧客戦略を理解しようとしていた。具体的な方法論までは分からなかったと思うが、百貨店事業の再構築には顧客戦略が重要な機能を果たすとの認識はあった。そうした視点を持っていたからこそ、時期尚早と言われた首都圏事業会社における三越と伊勢丹の個人営業部門の統合を強く主張し、結果として二〇一三（平成二十五）年度に実現した。
彼は思い込みで、現場の声に過剰に反応して行動し、混乱を生じることがたびたびあった。ちゃんと話をすれば分かってくれるのに……それを利用しようという社員もいたと思う。

平出　武藤さんがあと五年頑張っていれば三越伊勢丹グループの姿はもう少し変わっただろう。統合の時に私は武藤さんと約束したんだよ。伊勢丹はＭＤあってこその顧客、三越は顧客があってこその商品だ。それぞれのお客様は違うんだよ。統合しても、それぞれのブランドは大切にしなければいけない……と。

黒部　帳場制度に高い関心を持ち、最も理解しようとしていたのは実は武藤さんだろう。厳しい方だったが、統合直後から帳場制度について説明を求められた。三越を利用されるお客様を生涯顧客に育成していくのが三越の顧客戦略であること、そして帳場制度とは特別なお客様を帳場会員になっていただき、特定の扱者を付けてお役立ちを通じて生涯顧客に育成する仕組みであることを説明した。またお得意様営業部は帳場制度を組織的に推進する部門であり、お預かりしたすべての帳場会員に対して、世間一般で言うところの訪問販売を基本とする外商とはまったく異なり、お役立ちの視点で来店を促進するのが目的の組織であることも説明した。

その後も武藤さんは直接、間接的に何回も私に質問してきた。亡くなる一カ月程前にも直接会長室に呼ばれ、事前に私に質問のあった「帳場前主のゴールデンプロポーション」について説明した経緯がある。

平出　武藤さんは帳場制度を三越の強みと認識していたのだろう。

黒部　だからこそ帳場制度のことを伊勢丹人材と共有したかったのだと思う。

統合直後に武藤さんを議長とする三越と伊勢丹双方の役員が出席する会議が帳場制度をテーマに都合三回開催された。

会議の終了後に都度、議長の武藤さんから個別に呼び出され、「なぜ、三越の役員が帳場制度を説明できないのか」と詰められた。一方で次の会議に向けて理解を深めるための資料作りを求められた。三回目の会議の前日、三越本店で「今度は大丈夫だよね」という笑顔での確認があった。

三回目の会議で武藤さんが「なぜ、特招会に二万組ものお客様が来場するのか？　それも三越側が勝手に決めた日程のイベントに……」と質問した。しかし、この時にも三越役員が誰も答えられなかった。会議終了後に「三越の役員が説明できない制度は強みではない。黒部君、伊勢丹は〝破壊と創造〟。三越は〝不易と流行〟（※）なんだよ。三世代顧客に支えられ、支持されてきた三越には〝変えてはいけないことがあるだろう〟」と言われた。
※不易と流行：「不易」とは時代を越えて価値を保つこと。「流行」とは時節にあってもてはやされること。

平出　そうだったのか……。

今は伊勢丹側からは「三越は駄目だ、劣っている……」ばかり。三越の〝強み〟を理解して、グループ全体で活かそうという思想が見えてこない。

我々が現役時代は「三越をどう輝かせようか」ばかり考えていたのと対照的だ。

黒部　統合した時に気づいた。三越は本当に良い会社だが、一方でトップが決定したことを一気通貫で徹底する力が弱かった。伊勢丹は確かにすごい。しかし、今ではその弊害が顕著になっている。三越本店が今のように弱体化した理由は何なのか？　顧客戦略が機能不全に陥ったからだ。その要因を突き詰めて考えると統合時点から、既に伊勢丹側の主張が優先されるようになっていた。そもそも帳場カードは三越からお客様に「どうぞお使い下さい」と渡したもの。そのお客様に対して、「今度新しいカードが出来ますから、今のカードを解約して、改めて新規でエムアイカードに申し込んで下さい」って言えるのか？　結果として約三万口座の帳場前主を失った。

平出　帳場カードは三井住友カード社。アイカードは伊勢丹アイカード社（現在のエムアイカード社）だ。伊勢丹の子会社。三井住友カードと比較すれば、大きな会社ではない。伊勢丹アイカードと三越の三井住友カードではポテンシャルとしては三井住友の方が明らかに高い。セキュリティ対応もあり、今後莫大な投資が求められるのだから中小カード会社では生き残れないだろう。とりわけ「富裕層ビジネス」を展開する上では、与信能力は致命的に重要だ。

黒部　経営統合直後にアイカード社へ集約することが決まったが、この判断が帳場制度の存立基盤を大きく損なう要因の一つとなった。

主たる要因は三つある。「解約新規」、「短期間での切り替え」、「年会費の徴収」だ。「解約新規」とは、自主的に解約してから改めて新カードへ申し込むことだ。二つ目の「一年間での切り替え」とは、新カードへの切り替えを短期間で完了しなければならないこと。帳場前主に短期間での手続きを強いることになってしまった。三つ目の「年会費徴収」とは、年会費支払い義務のなかった帳場カード会員に年会費を求めるもの。帳場カードの位置づけとして三越側からご利用をお願いするものであり、会費徴収という考え方はなかったが、エムアイカード社への移管によって会費支払いの義務が生じた。結果として約三万件の前主にカードを切り替えて頂けなかった。

平出　そんな手続きを取ったら、顧客が離反するのは当然だ。

黒部　この判断は、クレジットカード事業を収益の柱にしようという考え方に基づくものであり、顧客戦略ではなく、カード政策視点からのものだった。

平出　伊勢丹新宿本店はマーチャンダイジングを中心とした先人たちの努力の積み上げによって、自ずとお客様に入って頂ける店舗になったのだ。しかし、三越本店は違う。

黒部　二〇一四（平成二十二）年の退職間際にもたまたまカード機能に関するミーティングに出席する機会があった。帳場カードの特典を即割からポイントに切り替えるか否かを議論するミーティングだった。今振り返れば実際にはカード会社の収益拡大のためにポイント制を前提とした議論に終始し、残念ながら顧客戦略における即割の意義を主張する意見は封鎖されたように思う。
杉江社長は「扱者なんていらない」と、公言していたそうだ。すると、当然経営スタッフは「ロイヤルティプログラムには扱者制度は必要ない」と受け止めてしまう。他の役員も「俺も扱者なんていらないですよ」と言い始める。トップの意向に沿った話が広がっていく。これが現実だ。

## 4 三越本店の現状

平出　今の三越伊勢丹経営幹部には、百貨店としての経営の舵取りができる人材はいるのだろうか？

黒部　「三越本店は〝構造改革店舗〟（※）である」と言い出したのは杉江社長だ。これは、売上高を伸ばすことより経費削減を優先するとの宣言であった。

しかし、大西さんや中さん（中陽次：二〇一三年四月～一七年三月末、三越本店長）はそうではなかった。中さんは〝カルチャーリゾート百貨店〟を掲げ、「どうすれば三越本店は強くなるか？」と考えてきたと思う。

※構造改革店舗：収益改善するためにコスト構造の抜本的圧縮が必要な店舗。売上よりも利益を重視する店舗。

三越本店は、首都圏の営業終了店舗の従業員を受け入れたり、旧伊勢丹の不採算部門を吸収したりして、利益の生み出しづらい構造になっていたことは事実だが、伊勢丹新宿本店や三越銀座店より営業利益率が低いだけで管理会計上は黒字であった。

しかし、杉江社長は三越本店で、中本店長退任後の店長・部長・店経営スタッフたちを集めた会議で「〝カルチャーリゾート〟なんて分からないよね」と言って、前任の中本店長の取り組みを全面否定してしまった。経営幹部の間では「三越本店は〝構造改革店舗〟だから人手の掛からないローコストな店にして人件費を削減しよう！」と話をしていた。現場の人たちはそのことを知らない。

平出　本当の〝構造改革〟ならば一人の命令で出来ることではない。例えば経営と営業、売場と後方といった利害が必ずしも一致しない部門の間や人と人の間で十分にその「あるべき姿」を決めなければならない。過去、三越本店で取り組んだ「改革」の時にも、議論に約三年を費やした。

大西前社長時代から「カルチャーリゾート百貨店」をコンセプトとして掲げた三越本店投資計画は議論されてきたはずだ。当時経営戦略本部長だった杉江氏はその計画に反対し、「構造改革すべし！」と主張していたのか？　三越本店は〝構造改革店舗〟であるという経営意思決定は一体いつどのような形でなされたのか？　そもそも〝構造改革店舗〟であるならば、後年の償却負担の増える大型投資はあり得ないだろう。

黒部　私も、ある経営スタッフから「三越本店は大型投資によって、利益が出なくなる。だから構造改革をせざるを得ない」と言われ、「そんな馬鹿な判断はないだろう！」と反論した記憶がある。しかし、その後、再開発の動きと並行して人件費削減を中心として大幅なコスト構造改革が進んでいく。人件費削減の一番の対象がお得意様営業部だった。お得意様営業部の役割が理解されていなかった。

この二〇一九（平成三十一）年度からお得意様営業部は〝外商部〟に呼称を変えた。人を減らした直後は利益が出るが、顧客の支持を失うことになり、いずれまた利益が出なくなる。その先の売上は落ちていく。

さらに、統合時には三越グループの強みとして位置づけてきた旅行事業、通信販売事業、サテライト（小型店舗）事業もそれぞれ別会社化、外部への売却、店舗形態の見直しなどによって弱体化させた。こうした事業はライフタイムバリューの拡大を目指す上で重要な役割を果たしていた。また、顧客戦略上重要な位置づけであるはずの駐車場係も外部委託し、従来の手厚いサービスはできなくなった。
このように個々の事業、個々の業務の収益性や生産性を個別に追求することで、全体最適を損ない、〝お客さまの生活の中のさまざまなシーンでお役に立つ〟という当初の企業理念から離れていき、最後には企業理念（※）さえ変えてしまった。
※現在の三越伊勢丹グループの企業理念は、「人と時代をつなぐ　三越伊勢丹グループ　変化せよ。1．データが自分をつくる。2．時代より先に変わろう。3．他者が私を新しくする。be a newone.」である。なんと「お客様」がない！

平出　三越本店の〝強み〟である顧客戦略を担うお得意様営業の扱者を減らし、働き方まで変えてしまったことの罪は重い。

黒部　三越本店再開発予算の承認は、そもそも経費構造改革とセットになっていた。実際、杉江社長は「一〇〇億円規模の投資に見合うコスト削減を課しており、リモデル（改装）が失敗しても大丈夫なようにした」と二〇一七（平成二十九）年十一月の決算説明会の記者会見で発言している。

〝接客改革〟の名の下に、その役割は〝ガイド〟（店内案内）とか〝コンシェルジュ〟（お買い物相談係）で置き換えられるとの誤った認識で、お得意様営業部の部員を削減した。一方のガイドやコンシェルジュの増員を図った。

平出　しかし、社員の異動配置だけでは人件費は減らないだろう。今のような経済環境の下ではどんなに退職金を積み増しても辞める人材は多くない。

黒部　だから人事・賃金制度に手をつけて、管理職を目指すことのない社員の処遇を見直した。

杉江社長はコンシェルジュによる増収に確信を持っていなかったはずだ。それでも投資を認めたのは、三越本店のテナントビル化による人件費削減に結果として結びつくと考えたからだ。実際に三越本店のテナントビル化は着実に進み、店頭運営に関わる自社雇用従業員が減っていった。一時的にコンシェルジュとして集約し、その成果が期待に応えられなければ後日解散すれば良い。コンシェルジュに働きがいを見出し、前向きに働いていた従業員はモチベーションが損なわれ、退職を余儀なくされる……これはあくまで憶測だが。

平出　扱者を減らして、コンシェルジュを増員するというのは、浅賀前本店長（浅賀誠：二〇一七年四月〜一八年三月）のアイデアなのか？

黒部　外部コンサルの話を鵜呑みにし、営業統括部長（副店長の位置づけ－編集者註）や店経営スタッフとの議論で決めたんだろう。三越本店の〝強み〟を本当に理解していたのならば、こうした計画に反対しただろう。二〇一七（平成二十九）年三月、浅賀氏が本店長に就任し、「よし！　これで三越の〝強み〟を理解するトップになった」と私は期待していた。応援の檄文メールも送った。しかし、まったく逆のことをやっていたことになる。お得意様営業部の扱者を大きく削減し、結果として永らくご愛顧頂いてきたお客様との関係を切ってしまった。残念ながら彼は「三越本店の〝構造改革〟に一役買った」と言われても仕方がない。〝構造改革〟という名の下に三越の〝強み〟を「破壊」した。

平出　そうなのか……。

黒部　扱者の減少に伴う売上減を新設のコンシェルジュによる新規顧客獲得と買い回りの拡大でカバーすることを掲げたが、そもそも受注処理体制もなく、働き方も確立していないコンシェルジュが担える数字ではない。
そしてこの四月にお得意様営業部の呼称を「外商部」に変更したこともその延長上にある。外商とは一般的に訪問販売を基本とした売り込みをする組織である。高額のお買い上げが期待できるお客様を選別して、短期的な視点で効率の良い商売を求めていく。一方、顧客との関係を深めて、潜在的なニーズも含めて「お役立ち」をしていくお得意様営業は、中長期的な投資である。

平出　俺が浅賀前本店長に言ったのは「三越本店というのは三越伊勢丹HDS下の一店舗じゃないんだぞ。〝三越本店〟なんだ。それだけのプライドをもってやらなければダメだ」と。「承知しております！」と答えていたが……。

黒部　お得意様営業部や各売場からメンバーを引き抜いて九〇名も各フロアの〝コンシェルジュ〟に任命した。実施前から、一部の部長やスタッフが「そんなことをしたら売上高が減少する！」と反対したが、浅賀前本店長の意思は固かった。コンシェルジュが最高のおもてなしをすることで売上高は落とさないと思っていたようだ。
そもそも、お得意様営業の働き方を全く理解していなかった。お得意様営業部メンバーを集めた朝礼で彼はこう言った。

「電話なんてしなくてよいのです。お買上高の高いお客様に集中してアプローチして下さい。どんどん外出して下さい……」

電話アプローチの重要性を繰り返し説かれてきたメンバーたちは、突然の現状否定に大いに戸惑ったという。こうした電話アプローチや宅訪、手書きDMなど、手間の掛かる基本活動を止めて、直近で買い物頂けるお客様にアプローチを絞れば、当然もっと少ない人数で良い。そうした考え方の延長に「外商部」の構想があったと思う。

平出　労働組合は意見しないのか？

黒部　残念ながら労働組合も本来の経営チェック機能を果たしていない。常に、時の経営に寄り添い、その意思もない。

お得意様営業部は三越本店の組織だから、店長が反対すれば、思うようにはならない。しかし、扱者の数を絞り込み、組織対応するチームの枠組みを変えてしまったことで帳場制度の基盤は揺らいでいる。その証拠に二〇一八（平成三十）年度に入ってから三越本店の業績の低下に歯止めが掛からない。「コンシェルジュやガイドが成果を上げている」と強弁しても、内実は一つの売上を複数のコンシェルジュが二重三重に計上しているだけで、実態としては店舗全体としての売上は縮小している。

お得意様営業部を「外商部」にするなんて、噂では聞いていたが、やらないと思っていた。それが、この二〇一九（平成三十一）年四月にやってしまった。しかし、名称を変えた理由を聞いてもなぜか誰も分からない。他の百貨店の知り合いからも「どうしたの？」と言われる。

平出　名前が「外商部」に変わっても、やっている仕事はお得意様営業部の時と一緒なんだろ？

黒部　何の目的で呼称を変えたのか分からないが、三越の顧客戦略を理解していない。「店頭には販売員がいるんだから、営業担当は外へ出て行って、売ってこい！」という程度の認識だと思う。
店舗閉鎖やテナント化によって生じる余剰人員を一時的に受け入れる場として、この外商部を使おうとしているのではないか。結果として長年の努力で積み上げてきた営業の仕組みが崩れていくことを危惧している。
いずれにしても、〝関係深化〟を丁寧に積み上げ、〝お役立ち〟を図る働き方は後退し、短期的な利益を追う働き方が前面に出てくるだろう。こうした働き方を帳場前主は望んでいないし、営業担当も戸惑いを感じているようだ。そんなことではお客様に対するお役立ちも出来ないだろう。ご来店頂く動機づけをするのが本来の使命なのに。

平出　武藤（元三越伊勢丹ＨＤＳ会長）さんは伊勢丹新宿本店でも特招会を開催したかったんだよ。そう思う。来店促進案としては必要性は低いが、関係深化策としては大きな意味がある。

黒部　武藤さんから「特招会とは何か？」「なぜ、三越が勝手に決めた特招会に二万組も来るんだ？　理由を言ってみろ！」と言われて、三越側役員は誰も説明ができないんですよ。平出さんがおっしゃるとおり、三越の人間が自らの〝強み〟を語れないとダメだ。なんでこんなになってしまったんだろうか？

平出　やっぱりリーダーだろうな。

黒部　顧客戦略の実践は、最後は店長だ。リーダーがおかしなことを言ってしまっては絶対にうまくいかない。

## 5 三越本店のこれから

平出　〝オーセンティック百貨店〟として、これからも生き残っていける店舗は全国で数店舗しかない。三越日本橋本店、伊勢丹新宿本店、阪急百貨店うめだ本店、髙島屋日本橋店……。それ以外の店舗はテナントビルかショッピングセンターになっていくだろう。全国津々浦々の百貨店全部が生き残っていけるとは思わないが、三越本店だけは残るべき店舗だ。

黒部　これから百貨店はどうなるのか。三越伊勢丹も店頭の商品を倉庫にならべて写真をとって、取引先の在庫も一緒にアップして……ネットからの注文があった商品をお届けするということをやろうとしている。

平出　考え方としてはあると思う。しかし、現実的に出来るのか？

黒部　ＥＣの〝ささげ〟（撮影、採寸、原稿書き業務のこと―編集者註）に携わる要員として当初は二〇〇～三〇〇名配属を考えていたが、その後の取材（『ＷＷＤジャパン』二〇一九年七月三十日）では一五〇名体制へと縮小している。当初は、ＥＣサイトに伊勢丹本店で扱う全商品二〇〇〇万ＳＫＵをアップする計画だった。今年（二〇一九年）の株主総会でも明言していたのだが、その一カ月後の雑誌記事では「今まではとにかくＥＣで商品を売ろうと思っていたが、それでは労力ばかりがかかってきりがない。ＥＣで売るということにはあまりこだわっていない」と一八〇度方向転換してしまった。これ自体大問題だと思うが、いずれにしても当初想定していた要員は必要なくなった。結果として一時的に外商部を増やす可能性さえもある。

買上上位顧客だけでなく、担当する全てのお客様に、宅訪はもちろん電話アプローチを丁寧に積み重ね、趣味・嗜好を踏まえたご案内をすれば、売上高の落ち込みは回復していくはずだ。しかし、今の経営は目先の「効率」を優先してこうした活動はやらないだろう。

平出　外商部の社員だけ増やしても駄目だ。店頭販売員、商品、店内サービスなどが揃って有機的に連携することで初めて、三越本店としてのおもてなしができる。オーセンティック百貨店として勝ち残っていくためには、どの要素一つでも欠けてはいけない。

黒部　従来からのリアルな店舗がお客様から支持されてこそ、ＥＣが活きてくる。今のようにリアル店舗の人手を減らして、効率化して、取引先にお任せの体制にして同業他店や他業態との差別化が出来ないようにしてしまっては、結局、リアルもネットも上手くいかない。

平出　ECのターゲットは、今は三越伊勢丹のリアル店舗を使ったことのない顧客なんだと思う。しかし、そんな顧客が買い物実績のない三越伊勢丹のサイトを閲覧するだろうか？

三越伊勢丹が店頭とシームレスにつながるサイトを作ったんだから、今まで買い物をしてこなかったお客様も来てくれるだろうというのは自分勝手な考え方だ。

黒部　リアル店舗における従業員数を絞り込んでサービスを見直し、そのメンバーをECサイトに掲載する商品の写真撮り要員にするなんて、リアル店舗には従来からのお客様が多数来店しているのに……「お客様をガッカリさせるようなことは止めて欲しい！」と言いたい。

平出　「三越本店は二流、三流だ。戦艦大和と一緒だ。魚雷を受けて沈みながらぐるぐる回っているだけだ。艦長は前を見てまっすぐ進んでいると思っているだけだ」と私が本店長に就任する時に疲弊した現場を見てこのように言ったことがある。今の三越伊勢丹はこれだよ。

「社員の生計を背負っている……」というリーダーの自覚がない。業績が悪くなれば、従業員を切ればいいと思っているのではないか？

黒部　売場運営も変えてしまった。時計売場なんかみんなお任せ（委託売場—編集者註）にしてしまった。三越伊勢丹側のコントロールなし。百貨店側の社員が顧客接点に立つことはなく、百貨店社員のいらない売場ばかりだ。売場運営に関わる百貨店社員は徹底して削減していこうという経営の意図が見える。

平出　自主編集ＭＤは？

黒部　なくなってしまった。人手が掛からないものばかり。

平出　伊勢丹と三越の自主編集ＭＤは全く違う。伊勢丹は取引先に言って一番良い販売員と商品を揃える。三越は社員を張り付けて接客させる。優遊倶楽部（介護用品の自主編集売場—編集者註）は、私が命名したんだよ。

黒部　優遊倶楽部は廃止になった。それこそ〝富裕層〟だって買いに来るのに。玩具、薬品、一時期かもしれないが電器製品も文具も売場がなくなってしまった。幅広い年代層のお客様が子供や孫と一緒に買いに来るのに。

平出　シニア層を対象としたＭＤは、三世代を対象にした百貨店では大切にした方が良い。ターゲットとする顧客層のライフスタイルから外れる商品カテゴリーだから……と止めてしまうと、失うのは今の顧客だけではないと思う。

黒部　伊勢丹出身のある役員は次のように言っていた。

「自分のイメージしたお客様が買わなかったら悩むけど、イメージしていないお客様が買わなくとも悩まない」

「リモデル（改装―編集者註）の時には三割のお客様を切って、その代わりに新しいお客様を四割獲得する覚悟が必要だ」

驚いた。伊勢丹出身者は基本的にこの考え方だね。誰に聞いても同じことを言う。

「黒部さん、三越はね、そんな既存のお客様ばかりやってるからダメなんですよ。リモデルで三割切るんです！」と言われたこともある。

三越の思想には〝顧客を切る〟発想はない。〝顧客を育成し、維持する〟のが三越なんだ。

だから、三世代にわたり生涯顧客として三越本店を利用して頂けるんだ。

今の経営幹部には、「リアル店舗の顧客を切ってでも、リアルとＥＣを買い回る新規顧客を獲得すればよい」との考えがある。立地の違いが営業戦略の違いとなっていたのか？


平出　黒部君の自宅にも来ているだろう。ユニクロだって新聞の折込広告を作っているんだよ。インターネットだけで商売するなんて無理だよ。

これまでの努力の積み重ねで、伊勢丹新宿本店は自ずと多くのお客様が来る店になった。他の店は手をこまねいて見ていたらお客様は来ない。だから来店頂いたお客様を大切にする。これが〝顧客第一主義〟なんだよ。

だからね、伊勢丹には顧客戦略を語る資格がないんだよ。

黒部　ところで、三越本店の本館五階に会員制のラウンジが出来たんですよ。ご存じですか？

平出　知っているよ。でも今までのお得意様サロンで十分なのでは？

黒部　もちろん、十分ですよ。既に帳場前主以外も、売場のお得意様など、期間限定だけどお得意様サロンをお使い頂いている。お使い頂いていた際には帳場会員へのお誘いもしている。つまり、顧客戦略上の明確な位置づけがある。そもそも、お帳場サロンとは、帳場前主が扱者やサロン担当とコミュニケーションをすることを主たる目的としている場であり、単なる「お休み処」ではない。「お休み処」なんて、〝富裕層〟は求めてない。

本館五階の「ゲストラウンジ」の設置には約五億円を投じたと言われる。かなりの広さがあった催事スペースを潰している。対象は、エムアイカードで年間三〇〇万円以上購入実績顧客。既に本館六階には帳場前主がお使い頂いているお得意様サロンがある。サロン拡充でなく、ラウンジを新設したのは、帳場前主以外の買い上げ上位顧客の囲い込みを狙ったからだ。実際の運用をスタートするにあたって対象となる顧客を抽出すると、その大半が帳場前主だったという笑えない事実がある。

このラウンジ設置を推進したのは杉江社長だ。

恐らく、今まで百貨店に来店していなかった顧客の囲い込みの「武器」として活用していこうと考え、ホームページにも掲載し、宣伝している。富裕層会員を抱える金融機関等と提携し「ゲストラウンジ」を活用して、エムアイカード会員化を進める動きもある。しかし、そもそも今まで百貨店を使っていない富裕層が「ゲストラウンジ」

等の特典でお得意様になっていくことはない。そんなことは顧客対応をしたことのある者にとっては常識だ。
空港ラウンジを見て「これは良い！」と思い付きで組み立てた施策としか思えない。杉江社長は「三越本店の対象顧客は〝富裕層〟」と盛んに言っている。でも「それはどんなお客様？」って聞かれても、誰も答えられない。

平出　伊勢丹にだって〝富裕層〟はいるのではないか？

黒部　経営統合後、直近でお買い物が少なくなっていた帳場前主から帳場カードを取り上げてしまった。その中には様々な方がいたはずだ。人生のステージやオケージョンでお買上高は、上がったり下がったりする。一時的に下がったからと言って切ってしまうのは愚の骨頂。富裕層の百貨店への期待は日用品ではなく非日常、嗜好品なのだ。年間買上高でサービスレベルをアップダウンさせることはマス・ボリュームを対象としたマーケティング施策に他ならず、富裕層のロイヤルティには全く刺さらない。それはばかりかディスロイヤルティーを生む。航空会社のマイレージシステムをなぞっているとしたら富裕層ビジネスは人の関係性が必須であることを無視している。飛行機に乗る際に「なじみのAさんがパイロットだから乗りたい」という顧客がいるだろうか？　百貨店とは根本的に違うのだ。

一番象徴的なのは叙勲・褒章。稼働が低いお客様を切ってしまったので、いなくなってしまった。私が現役の時は叙勲対象者が多すぎて、「紅白ワインをお届けする条件はどうしましょうか？」と悩んだ。その当時は呉服も沢山買ってくれたのに……今は対象者が少なくなってしまった。

「お得意様営業部」が「外商部」へ変わって短期的利益確保を目指した効率重視の組織になってしまった。これによって時間を掛けて信頼関係を醸成し、生涯にわたってご愛顧頂ける顧客を育成していく帳場制度は実質的に消滅する。

平出　伊勢丹もバイヤー制度を実質的に止めてしまったらしいな。自主編集売場がなくなればバイヤー制度もいらない。三越の帳場制度、伊勢丹のバイヤー制度は両暖簾の〝魂〟だ。三越の帳場制度がなくなることは、三越の〝魂〟を売ることだ。つまり、三越ブランドの消滅を意味する。

三越ブランドは、お客様からの期待レベルを表すものなんだ。俺なんか皇后雅子様の実家である小和田家に三回も行っているんだよ。愛子様がお生まれになった時、お祝いに行こうと部下と一緒に伺った。その姿をテレビで放送されて、一緒だった部下のお花の持ち方で怒られた。「三越ともあろう者が、なんという所作なんだ！」と。そういう店なんだよ。

このままでは〝三越〟の名前は消えてしまうのではないか……と本当に心配だ。

黒部　ブランド価値を毀損する活動を故意にやっているのではないか、と思うことがある。永らくご愛顧頂いたお客様からも厳しい声が届いているだろう。実際に業績も伸び悩んでいる。
そんな中で、意に沿わない活動を強いられる従業員のモチベーションは損なわれている。ネクストキャリア制度（早期退職制度－編集者註）に応募しようと仕向けているのではないか。そう疑いたくなる状況だ。

平出　三越本店は一部の経営者の判断でどうこうして良い店じゃないんだ。お客様のものなんだよ。それを見失ってはいけない。

百貨店協会の専務理事時代に全国の百貨店を行脚した。行く先々で店舗を訪問するが、店に入った途端、その店の〝魂〟（大切にしている価値）が分かる。店長の〝思い〟が分かる。久々に三越本店を訪れたが、残念ながら前向きな〝魂〟や〝思い〟は伝わってこなかった。

本店長は〝雇われ店長〟ではいけない。自分で判断する経営者でなければならない。

今働いている従業員に夢を与えられるような行動を起こさないといけない。人件費削減や宣伝費の削減ばかりが目立つようでは、従業員の士気は上がらない。**我々は〝商人〟なんだ。**お客様が楽しんで頂ける、従業員が前向きに働ける、そんな新時代にふさわしい〝お過ごし場革命〟を実現して欲しい。三越本店は、〝構造改革店舗〟なんかじゃない。オーセンティック百貨店として勝ち残るべき店舗なんだよ。

## 生涯顧客戦略のポイント

最後に“あるべき生涯顧客戦略”の概要について整理しておきたい。

**1．育成すべきお得意様像を明示すること**

直近のお買上高の多寡で顧客を判断してはいけない。

本当のお得意様は、自社のファンであり、ご自身が多くのお買い物をして頂けるだけでなく、友人知人など多くの顧客を紹介して頂ける方である。

**2．顧客をお得意様に育成するための全体計画を立案すること**

顧客ロイヤルティの最大の要因は扱者、販売員との親密な関係である。

カードの優待率、専用ラウンジの利用、駐車場の無料サービスなどは、基礎的条件であり競争優位を確立するための最優先事項ではない。

全体計画の中で、この関係づくりの行動計画と組織を示さなければならない。

**3．諸施策を推進するメンバーの役割を明確にすること**

関係づくりを推進するため、店頭販売員、奉仕係、駐車場係などが連携する必要がある。

長期的な関係構築のためには、短期的な売上を捨ててでも顧客視点からの適切なサポートが有効になる。

**4．行動基準を着実に推進するための評価制度を整備すること**

顧客との関係づくりは一朝一夕には成り立たない。

信頼関係醸成にむけた活動を扱者の行動基準に設定し、その実践度を正確に測り、評価していくことが必要である。

結果としての業績数値を優先していては、こうした活動は定着しない。

**5．日々の活動を適切に指導できるマネジャーを配置すること**

たとえ立派な計画が出来たとしても、マネジャーが扱者を適正に指導しなければ、顧客戦略は砂上の楼閣となる。

扱者は易きに流れる。行動基準を日々実践することは、業績目標だけを目指すよりも厳しい。逃げ場のない活動だからである。

**6．経営のトップがリーダーシップを発揮すること**

そして、最大のポイントが経営のリーダーシップである。

日々の仕事の進め方を変えることに、本社も、現場のメンバーも必ず抵抗する。

こうした抵抗を取り除くためには、分かるまで対話するしかない。

ことあるごとに顧客戦略の重要性と有効性を熱く語ることである。

経営陣の不用意な一言で取り組みは瓦解する。

絶対にブレてはいけない。

小さな成功を丁寧に積み上げ、大きな成功に結び付けなければならない。

これは“革命”である。

革命は一日にしてならず。

ひとえにリーダーの志である。

以上

# 終わりに

〈黒部篤志〉

入社以来三八年間の殆どを三越本店で過ごし、五年前の二〇一五（平成二十七）年に㈱三越伊勢丹を退職した。仕事を忘れて、現役時代はあまりできなかった釣りやゴルフを、昔の仲間と楽しむ日々を送っている。しかし、一昨年ころから、現役の社員やOBの方々からこんなことを言われるようになった。

「三越本店が大変なことになっている」

また、今でもお付き合いをしているお客様からも、

「今は何か違うんだよ」と言われるようになった。

三越の顧客戦略の中心となる帳場制度は、平出本店長時代に再構築を図り、店長や部長が交替しても安定的に維持出来る仕組みとして一定の完成形をみた。帳場前主との関係性は時間を掛けて築き上げたものであり、〝関係性深化〟と〝お役立ち〟の基本的な活動を継続していけば、安定的な売上高は維持されるはずだった。

しかし今、三越本店の業績は長期的な低迷から脱することができないでいる。昨年（二〇一八年）十月には第一期の再開発グランドオープンがあったにもかかわらず。「改装のための売場閉鎖があるから……」などというのは理由にならない。二〇〇四（平成十六）年の新

館建て直しの際も、売場の大幅閉鎖がありながらも前年売上を落とすことはなかったし、新館オープンによって売上を大幅に伸ばすことができたのだ。

一体何が起こっているのか?

三越伊勢丹グループ経営は、三越本店を〝構造改革店〟と位置づけた。杉江社長が二〇一七(平成二十九)年十一月の決算記者会見で述べた「投資に見合うコスト削減を課しており、(再開発が)失敗しても大丈夫なようにした……」との内容は現実だ。三越本店再開発に向けて人件費と宣伝費の大幅な削減のため、お得意様営業部を始め、店頭の従業員数を絞り込んだ。帳場制度の中核機能である扱者の数を絞り込めば、基本活動は停滞する。売場の従業員数を絞り込めば、顧客対応は取引先任せになる。当然のように百貨店にとって最も大切な顧客接点はなくなる。販売・サービスは取引先任せになることから、顧客に対するサービスの質的レベルは低下する。人件費の削減などによって販管費の圧縮を図り、営業増益を図ることを考えているようだが、現状は減収幅が大きく、販管費圧縮が追いつかない状況にあると思われる。また、販管費の圧縮はいずれ限界がくる。

毎年のように、地方の老舗百貨店の店舗閉鎖や廃業の記事を見るたびに、「百貨店業態はもう未来がない……」と自信を失いそうになるが、実は全国主要都市の店舗はまだまだ元気だ。お客様満足度を高めていくための努力を惜しむことなく〝改革〟を進めることで、これからも小売業の中で一定のシェアを占めることができるはずだ。〝改革〟の視点は様々だが、商品での差別化が出来なくなっている中で、顧客戦略はその重要な要素となる。

今後、三越本店が再び輝いていくためには、顧客戦略の再構築が不可欠である。なぜならば、大分離反してしまったとは言え、依然として多くの帳場前主がいらっしゃる。帳場前主は、岡田事件やゴルフ場事件などがあった時も三越を見放さず、最後まで支えてくれた最大の支援者である。

今、この時点ならばまだ間に合うかもしれない……。

この出版の是否については、三越のＯＢＧや友人にも相談した。「気持ちは分かるが、自己負担をしてまですることはないのでは」との意見が大半だった。経営統合以降、グループクレジットカードのあり方も含め、様々な顧客施策に対しては「生涯顧客戦略の視点から判断すべき！」と主張してきたが、帳場制度を理解しているはずの旧三越側経営陣からの援護も皆無だった。しかし、彼等も責められない。確かに帳場制度は三越従業員にとっては〝空気〟のような存在であったからだ。帳場前主の大切さを否定する人などなく、「帳場制度とは何か？」を語る必要がなかった。帳場前主に接する時にはどうすべきか、経営トップから売場の販売員まで、言われなくとも何をすべきか理解していた。こうして形式知化されない帳場制度は、武藤元会長が亡き後、伊勢丹経営には真の理解者は現れず、〝過去の遺物〟のように扱われていった。しかし、ＭＤでは差別化が難しくなり、販売チャネルも多様化した現代において、帳場制度が目指した生涯顧客戦略の重要性はますます高まっていることを実感する。そして、多くの現場従業員の声、今でもお付き合い頂いているお客様からの声、そして共に働いてきたOBGの声に、目の前の現実から目を逸らすべきではないと考えた。
とは言え、今後、三越伊勢丹が生涯顧客戦略の重要性を理解し、疲弊した現場を建て直す第二の〝革命〟を起こすことが出来るだろうか。その実現のハードルは高い。しかし、決して不可能ではない。

〝三越本店栄光の五年〟実践の記録は、顧客戦略を再構築する上では極めて多くの示唆を含んでいる。この記録は百貨店のみならず、生涯顧客づくりを目指す多くの企業に活かせるはずだ。三越伊勢丹には、〝乗風破浪〟の精神でこの難局を乗り越え、再び〝高質小売業〟を目指して欲しい。

二〇一九年十月

黒部篤志

# 参考文献

「復活三越　市原晃社長の孤独なる闘争」『週刊東洋経済　第四五七四号』（東洋経済新報社、一九八五年二月九日）
青野豊作著『「三越小僧読本」の知恵』（講談社、一九八八年六月）
「第2期中長期経営計画アクションプログラム実施策」『三越タイムズ VOL. 286』（三越、二〇〇〇年十月一日）
㈱三越本社編『株式会社三越100年の記録』（三越、二〇〇五年五月）
「編集長インタビュー　武藤信一氏［伊勢丹社長］信用力を多面展開」『日経ビジネス』（日経BPマーケティング、二〇〇六年五月十五日）
「編集長インタビュー　伊勢丹社長武藤信一」『週刊ダイヤモンド』（ダイヤモンド社、二〇〇七年一月十三日新春号）
『㈱三越と㈱伊勢丹との経営統合について』（三越、二〇〇七年九月）
「消費に逆風、百貨店どうなる？　統合で顧客の信頼深める　伊勢丹社長武藤信一氏」『日本経済新聞』（二〇〇八年一月十三日朝刊）
『三越伊勢丹グループの目指す方向　2013年に向けて』（三越伊勢丹ホールディングス、

二〇〇八年四月）
「百貨店調査　店舗別売上ランキング」『日経ＭＪ（流通新聞）』（日本経済新聞社、二〇〇九年八月十二日、一〇年八月十八日、一一年八月十七日、一二年八月十五日、一三年八月二十一日、一四年八月二十日、一五年八月十九日、一六年八月十七日、一七年八月十六日、一八年八月十五日各号）
『社内報　KINJITO×ipress』（三越伊勢丹ホールディングス、二〇〇九年四―五月）
『社内報　KINJITO×ipress』（三越伊勢丹ホールディングス、二〇〇九年十月）
姜尚中著『リーダーは半歩前を歩け――金大中というヒント』（集英社新書、二〇〇九年九月）
「三越伊勢丹の賭け　原点回帰の勝算『百貨店らしさ』に活路」「統合、リストラ、その後……故会長、再生への執念」『日経ビジネス』（日経ＢＰマーケティング、二〇一〇年二月二十二日）
金谷治訳注『新訂　孫子』（岩波文庫、二〇一一年七月）
榊原清則著『日経文庫　経営学入門［上］［下］〈第２版〉』（日本経済新聞出版社、二〇一三年四月）
フィリップ・コトラー、ケビン・レーン・ケラー著、恩藏直人監修、月谷真紀訳『コトラー＆ケラーのマーケティング・マネジメント（第12版）』（丸善、二〇一四年四月）

「なぜ、『百貨店』は衰退したか？」『DIAMOND online』（二〇一六年一月四日）
宮副謙司著「米国メイシーズのオムニチャネルリテイリング――店頭－ネット連携商品表示の定点観測調査での発見と示唆」『日本マーケティング学会ワーキングペーパー Vol.2, No.14』（二〇一六年六月）
「社長解任　三越伊勢丹HDを去った大西洋・前社長が激白　裸の王様だったのか」『日経ビジネス』（日経BPマーケティング、二〇一七年七月十日）
「三越伊勢丹HDが新中計を発表　本気度見えない１００億円投資」『週刊ダイヤモンド』（ダイヤモンド社、二〇一七年十一月十八日）
「CIOが挑む　百貨店をデータで蘇らせる　新興企業買収も選択肢」『日経コンピュータ』（日経BPマーケティング、二〇一八年八月二日）
奥谷孝司・岩井琢磨著『世界最先端のマーケティング　顧客とつながる企業のチャネルシフト戦略』（日経BPマーケティング、二〇一八年二月）
「三越伊勢丹社長〝私の半分は間違っている〟『上司の間違い』も検証して示せ」『プレジデント』（二〇一八年四月三十日）
小島健輔著『店は生き残れるか　ポストECのニューリテールを探る』（商業界、二〇一八年六月）
「三越伊勢丹、１５００億円投資　富裕層情報統合　会員３５０万人狙う」『日本経済新聞』

（二〇一八年六月七日朝刊）
「『中間価格帯は捨てる』三越伊勢丹ホールディングス社長　杉江俊彦氏」『日経ビジネス』（日経ＢＰマーケティング、二〇一八年八月二十日）
鈴木一正著『「タンスの中まで知る」伝説のＯＮＥ　ＴＯ　ＯＮＥマーケティング　日本橋三越における帳場制度とお得意様営業』（東京図書出版、二〇一八年十一月）
「財務で会社を読む　三越伊勢丹ホールディングス　改革への寄与小さいリストラ　目玉の人員削減には黄信号も」『週刊ダイヤモンド』（ダイヤモンド社、二〇一八年十月十三日）
「百貨店の存在意義どこに　汎用品脱却、豊かさ売る」『日本経済新聞』（二〇一八年十二月二十一日朝刊）
伊藤元重著『百貨店の進化』（日本経済新聞出版社、二〇一九年一月）
「人件費　来期１００億円圧縮　三越伊勢丹、収益力底上げ」『日本経済新聞』（二〇一九年五月二十四日朝刊）
『三越伊勢丹ホールディングス　レポート２０１８　統合レポート（アニュアルレポート・ＣＳＲレポート）』（三越伊勢丹ホールディングス総務部広報・株式ディビジョン、二〇一九年四月更新）
『三越伊勢丹グループ19年３月期決算説明会資料』（三越伊勢丹ホールディングス、二〇一九年五月八日）

「もうからず、本業までむしばむ　新しいことのやりすぎはよくない」『日経ビジネス』（日経ＢＰマーケティング、二〇一九年六月二十四日）
「百貨店の弱点　ＥＣを三越伊勢丹はどう強化する？　新宿のド真ん中に撮影スタジオ開設」『ＷＷＤジャパン』（ＩＮＦＡＳパブリケーションズ、二〇一九年七月三十日）
『三越伊勢丹グループ第２四半期決算説明会資料』（三越伊勢丹ホールディングス、二〇一九年十一月七日）

平出　昭二（ひらいで　しょうじ）

1963（昭和38）年　慶應義塾大学卒、㈱三越入社
1965（昭和40）年　仕入部紳士服部
1982（昭和57）年　香港三越支配人
1990（平成２）年　取締役・事業開発本部長
1991（平成３）年　取締役・仙台店長
1993（平成５）年　日本橋本店次長
1998（平成10）年　常務取締役・営業本部副本部長
1999（平成11）年　常務取締役・日本橋本店長
2001（平成13）年　専務取締役・日本橋本店長
2004（平成16）年　日本百貨店協会専務理事
2008（平成20）年　同職退任

黒部　篤志（くろべ　あつし）

1977（昭和52）年　慶應義塾大学卒、㈱三越入社
1988（昭和63）年　三越労働組合専従
1997（平成９）年　同専従（中央副執行委員長、日本橋支部委員長）退任、三越日本橋本店服飾雑貨部復職
1998（平成10）年　同お得意様営業部マネジャー（帳場プロジェクト担当）
1999（平成11）年　同お得意様営業部ディビジョンマネジャー
2001（平成13）年　同お得意様営業部ゼネラルマネジャー
2004（平成16）年　同お得意様営業部長
2005（平成17）年　同副店長
2007（平成19）年　㈱三越執行役員・松山店長
2008（平成20）年　㈱三越執行役員・百貨店事業本部営業政策部長
2011（平成23）年　㈱三越伊勢丹執行役員・三越日本橋本店カスタマー営業統括部長
2013（平成25）年　同執行役員・お得意様営業統括部長
2015（平成27）年　退職

鈴木　一正（すずき　かずまさ）

1990（平成２）年　慶應義塾大学卒、㈱三越入社
1994（平成６）年　三越労働組合専従
2010（平成22）年　同専従（中央執行委員長）退任、三越日本橋本店お得意様営業部復職。マネジャー及び企画担当リーダー
2018（平成30）年　㈱三越伊勢丹退職
中央大学大学院戦略経営研究科戦略経営専攻

**三越本店・栄光の５年**
〜高質小売業の実現に向けた“お過ごし場革命”と“生涯顧客戦略”の実践の記録〜

---

2019年12月31日　初版第１刷発行

著　　者　平出昭二
　　　　　黒部篤志
　　　　　鈴木一正
発 行 者　中田典昭
発 行 所　東京図書出版
発行発売　株式会社 リフレ出版
〒113-0021　東京都文京区本駒込 3-10-4
電話（03）3823-9171　FAX 0120-41-8080
印　　刷　株式会社 ブレイン


ISBN978-4-86641-301-3 C0034
Printed in Japan 2019
落丁・乱丁はお取替えいたします。

ご意見、ご感想をお寄せ下さい。

［宛先］〒113-0021　東京都文京区本駒込 3-10-4
東京図書出版